O que toda mulher deve saber sobre os homens

A afetividade masculina

Livros do autor na Coleção **L&PM** POCKET

Amar é ser feliz
Ame e não sofra
Amor ou prisão?
Amores de alto risco
A arte de ser flexível
Desapegue-se!
O direito de dizer não!
Já te disse adeus, e agora, como te esqueço?
Maravilhosamente imperfeito, escandalosamente feliz
O que toda mulher deve saber sobre os homens

WALTER RISO

O que toda mulher deve saber sobre os homens

A afetividade masculina

Tradução de LEOLELI CAMARGO

L&PM POCKET

Coleção **L&PM** POCKET, vol. 1165

Texto de acordo com a nova ortografia.
Título original: *La afectividad masculina*

Este livro também está disponível em formato 14x21cm.
Primeira edição na Coleção **L&PM** POCKET: setembro de 2014
Esta reimpressão: novembro de 2024

Tradução: Leoleli Camargo
Capa: L&PM Editores. *Ilustração*: Jordi Elias/Getty Images
Preparação: Marianne Scholze
Revisão: Jó Saldanha

CIP-Brasil. Catalogação na publicação
Sindicato Nacional dos Editores de Livros, RJ

R479a

Riso, Walter, 1951-
O que toda mulher deve saber sobre os homens: a afetividade masculina / Walter Riso; tradução Leoleli Camargo. – Porto Alegre, RS: L&PM, 2024.
176 p. ; 18 cm. (Coleção L&PM POCKET, v. 1165)

Tradução de: *La afectividad masculina*
ISBN 978-85-254-3168-4

1. Relações homem-mulher 2. Psicologia. I. Título.

14-15722 CDD: 306.7
CDU: 392.6

Rua Comendador Coruja 314, loja 9 – Floresta – 90.220-180
Porto Alegre – RS – Brasil / Fone: 51.3225.5777 – Fax: 51.3221.5380

Pedidos & Depto. comercial: vendas@lpm.com.br
Fale conosco: info@lpm.com.br
www.lpm.com.br

Impresso no Brasil
Primavera de 2024

Para Lucy e Virgi,
à sorte de tê-las
rondando a minha vida

Se o inverno dissesse: "No meu coração está a primavera", você acreditaria nele?

GIBRAN KHALIL GIBRAN

Sumário

Introdução

Não é tão fácil ser macho

Ser homem, pelo menos nos termos que a cultura exige, não é muito fácil. Esta afirmação, descarada para as feministas e desconcertante para os machistas, reflete uma realidade obscura enfrentada dia a dia por milhares de homens para cumprir o papel de uma masculinidade boba, bastante superficial e potencialmente suicida.

Apesar de a maioria dos homens ainda permanecer fiel aos padrões tradicionais do "macho" – que lhes foram apregoados desde a infância –, existe um movimento de liberação masculina cada vez mais numeroso, que se recusa a ser vítima de uma sociedade evidentemente contraditória diante de seu desempenho.

Enquanto um grupo considerável de mulheres pede aos gritos por maior compreensão, afeto e ternura de suas parcerias masculinas, outras fogem aterrorizadas diante de um homem "suave demais". Os pais costumam exigir de seus filhos uma dureza inquebrantável, e as professoras da escola, um refinamento do tipo lorde inglês.

O marketing da sobrevivência cotidiana promove uma competição tenaz e uma luta fratricida, enquanto a família espera o retorno à casa de um pai e um marido sorridente, alegre e pacífico. De um lado o poder, o êxito e o dinheiro como estandartes de autorrealização masculina e, do outro, a virtude religiosa da simplicidade e a humildade franciscana como indicadores de crescimento espiritual.

Uma jovem de dezenove anos descrevia seu homem ideal assim: "Gostaria que fosse seguro de si, mas que também mostrasse seu lado fraco de vez em quando; terno e carinhoso, mas não enjoativo; bem-sucedido, mas não obsessivo; que assumisse o comando, mas que não fosse grudento demais; intelectual, mas também hábil com as mãos...". Quando terminou sua longa descrição, respondi a ela que um homem assim seria um interessante caso de múltipla personalidade.

Não é tão simples ser, ao mesmo tempo, forte e fraco, seguro e dependente, rude e terno, ambicioso e desprendido, eficiente e tranquilo, agressivo e respeitoso, trabalhador e caseiro. O desejo de alcançar estes pontos de equilíbrio – que, entre outras coisas, ninguém ainda conseguiu definir claramente – incutiu na maioria dos homens um sentimento de frustração permanente: nunca acertamos o ponto. Essa informação contraditória leva o homem, desde a infância, a ser um equilibrista das expectativas sociais, tentando ficar bem com Deus e com o diabo.

Não me refiro aos típicos machistas, mas aos homens que amam suas mulheres e seus filhos de maneira honesta e respeitosa, mas que não conseguiram desenvolver o potencial humano masculino por medo ou simples ignorância. Falo do homem que teme chorar para que não o rotulem de homossexual, do que sofre por não conseguir prover o sustento, do que não é capaz de desistir porque "homens não se dão por vencidos", do que perdeu a possibilidade de abraçar e beijar tranquilamente os filhos. Me refiro ao homem que se autoexige demais, que perdeu o direito à intimidade e que deve se mostrar inteligente e poderoso para ser respeitado e amado. Enfim, estou falando do homem que se debate permanentemente entre os polos de uma identificação difusa e contraditória, tratando de satisfazer as demandas irracionais de uma sociedade que ele mesmo projetou e que, embora se diga o contrário, ainda não está preparada para ver um homem de peito cabeludo sofrer de verdade.

Muitos homens reclamam o direito de serem frágeis, sensíveis, medrosos e inúteis, sem que sejam questionados por tal razão. Reclamam o direito de poder falar sobre o que sentem e pensam não por orgulho ou para justificar os ataques insanos do ressentimento feminino, mas por profunda sinceridade.

Afirmar que o homem sofre não significa desconhecer os problemas do sexo feminino. Faz tempo que as mulheres se preocupam com a própria emancipação e expressam seus sentimentos por todos os meios disponíveis; são um exemplo a ser seguido pelos homens. Entretanto, não creio que a liberação masculina deva se estabelecer com base na discriminação, condenação e subestimação do sexo oposto, como fizeram os pensadores do final do século XIX como Schopenhauer, Nietzsche e Freud; nem a partir de uma milenar e autodestrutiva culpa por todos os desastres da raça humana, como já quiseram sugerir alguns homens arrependidos de seu próprio gênero. O mundo foi construído e depredado pelos dois sexos. A frase lapidar de Krishnamurti é dirigida tanto a homens quanto a mulheres:

"Se realmente amássemos nossos filhos, não haveria guerras". Assumir a responsabilidade absoluta pela deterioração do planeta e da humanidade é um sacrifício desnecessário, além de injusto.

Se considerarmos as aparentes regalias com as quais conta o sexo masculino, algumas mulheres se assombram com o fato de alguns homens demonstrarem insatisfação com o papel que lhes cabe desempenhar: "Se liberar de quê?", "Mais liberação?", "Vocês não acham que já fizeram o bastante se apropriando de tudo o que há?". Basta fazer referência à insatisfação masculina para que algumas vozes femininas se manifestem: "E por acaso nós não sofremos?". Ninguém está dizendo que não.

Uma mulher que conheci não faz muito tempo era incapaz de manter uma conversa com um homem sem brandir um slogan antimasculino. Quando pude expressar a ela minhas opiniões a respeito dos problemas que nós homens temos de enfrentar, me culpou pelas paupérrimas condições de trabalho às quais foram submetidas as mulheres durante a Revolução Industrial. Quando respondi que naquela época eu ainda não havia nascido, ela se levantou furiosa e foi embora, não sem antes me responsabilizar pessoalmente pela exploração que o senhor feudal exercia sobre as servas da gleba (obviamente, não sobre os servos).

Por que se subestima o sofrimento masculino? De onde vem essa mistura de assombro e incredulidade quando um homem se queixa de seu papel social? Dá-se por certo que as supostas vantagens de que goza o homem são inquestionáveis, portanto qualquer queixa a respeito deveria ser considerada como mais uma prova do afã aproveitador e da ambição desmedida que sempre o caracterizaram.

"Como é possível que queiram mais?" A resposta é simples: queremos menos. A partir da perspectiva da nova masculinidade, as alegadas reivindicações e ganhos do poder masculino machista são um verdadeiro embuste.

O novo homem quer estar em consonância com um despertar espiritual do qual se afastou consideravelmente, deseja menos capacidade de trabalho, mais afeto, mais proximidade com os filhos e mais direito ao ócio. Já não quer estar acorrentado aos velhos valores verticais que fundaram a sociedade patriarcal. O novo homem está cansado de ostentar um reinado absurdo e escravizante, tão invejado pelas feministas de primeira e de segunda geração. O novo homem não se inquieta com os míticos ideais de sucesso, poder, força, autocontrole, eficiência, competitividade, insensibilidade e agressão. Depusemos as armas e estamos doando os espólios da guerra: não nos interessam.

Muitos homens desejam voltar às fontes originais do poder masculino, que não se alimenta da exploração e da imposição, mas de uma profunda humanidade compartilhada. *A liberação masculina não é uma luta para obter o poder dos meios de produção, mas para desprender-se deles.* A verdadeira revolução do homem, mais que política, é psicológica e afetiva. É a conquista da liberdade interior e o desprendimento dos antigos sinais fictícios de segurança. Tal como diz o ditado: "Rico não é aquele que mais tem, e sim aquele que menos precisa". E nós, homens, precisamos reconhecer: temos necessitado demais de coisas inúteis para sobreviver.

A nova masculinidade não quer ficar presa na herança selvagem e simiesca que a cultura tanto aplaude e festeja. Tampouco deseja reprimir ou negar a própria biologia, mas superá-la, transformá-la e integrá-la a um crescimento mais transcendente. O estereótipo tradicional do macho o manteve atado ao padrão biológico, fomentando e exagerando, direta ou dissimuladamente, um grande número de atributos primitivos que já perderam toda funcionalidade adaptativa. Na moderna selva de asfalto, "valores" como a força física, a valentia, o estupro e a agressão física, apenas para citar alguns, já não definem o mais apto. Neste sentido, penso que as mulheres conseguiram se afastar muito mais do que nós dos velhos arquétipos. Insisto: a ideia não é suprimir nossas raízes, nem reprimir as expressões naturais que surgem delas, mas cortar as amarras disfuncionais que nos impedem de avançar rumo a uma nova existência. É imprescindível desbloquear o estancamento evolutivo em que nos encontramos. Nem a cruel genética determinista, nem o ingênuo ambientalismo relativista: independência e evolução. Dois códigos, duas premissas, duas bandeiras.

Por último, vale a pena assinalar: ainda que tenham sido feitas várias revisões do papel do homem ao longo da história, o questionamento atual do macho parece insinuar-se de uma forma mais profunda do que das vezes anteriores. Diferentemente da crise masculina dos séculos XVII e XVIII na França e na Inglaterra, em que somente os homens das classes dominantes assumiram um papel mais feminino e pacifista em oposição à brutalidade masculina prévia, o momento atual parece ser mais generalizado e radical, não apenas pela magnitude geográfica, mas principalmente pelos valores que afeta. Um novo homem está nascendo. Algo está sendo gestado no macho, e não vem de fora. Esse estranho presságio masculino, que se faz sentir fortemente nas novas gerações de meninos, leva implícita uma singular mensagem de amor que devemos aprender a decifrar. O presente livro é uma contribuição a esse objetivo.

PRIMEIRA PARTE

QUE SEXO FORTE?

Algumas considerações sobre a suposta força do macho e sua natural fraqueza humana

Nós, homens, definitivamente não somos tão fortes como a cultura quer mostrar. E mais: em muitas situações nas quais seria propício manifestar essa força masculina, o que chama a atenção é a ausência dela. Independentemente das causas do estereótipo social que estigmatiza um homem como vigoroso e indolor, não restam dúvidas de que nós mesmos, talvez em resposta às deficiências de um ego que precisa ser constantemente admirado, mantemos e promovemos essa imagem alterada da masculinidade que, além de não ser honesta, nos trouxe muito mais desvantagens do que benefícios. De fato, muitos machos estão fartos de exercer o papel de um super-homem carente de adrenalina, inerte diante do sofrimento e totalmente autossuficiente. Se a maioria dos homens sente medo, não suporta a solidão, fica agoniado com a ideia do fracasso e não demonstra a mínima vontade de fazer abdominais, de que sexo forte estamos falando?

O paradigma da força masculina

A força física foi muito importante nos estágios pré-estatais da civilização. O poder muscular permitia assegurar a vida em dois sentidos fundamentais. De um lado, guerrear requeria homens robustos, que pudessem carregar armas e enfrentar a luta corporal. De outro, se por qualquer razão o habitat tornava-se hostil e difícil, a musculatura começava a ser determinante para a sobrevivência. Quando as duas condições mencionadas ocorriam, os filhos eram privilegiados em relação às filhas mediante práticas tão espantosas como o infanticídio feminino e outras barbaridades demográficas. Os homens fortes foram necessários e, possivelmente por tal razão, pertencer a essa categoria exigia um esforço especial.

Os ritos de iniciação masculina que realçam a força existiram em quase todas as culturas e atravessaram todas as épocas. Desde a severa formação espartana dos gregos e dos cavaleiros da Idade Média até o traumático serviço militar, todos, sem exceção, parecem compartilhar o mesmo princípio: *para se tornar homem e ser reconhecido como tal, é preciso sofrer.*

Ainda hoje, muitos grupos tribais e sociais submetem seus jovens a provas extraordinárias de força e treinamento para resistir à dor e ao medo, expondo-os a elementos nocivos, mutilações físicas e enfrentamentos com terríveis alucinações provocadas por drogas. Curiosamente, ainda que existam rituais femininos de puberdade, além de serem muitíssimo mais curtos não estão orientados para provocar dor, mas isolamento e tédio. No homem, a força; na mulher, a paciência.

Embora o poder masculino tenha sido transferido do tacape do troglodita para a maleta do executivo, a força física ainda é um requisito importante de masculinidade para muitos homens e mulheres. Esta crença pode gerar nos jovens rapazes um transtorno oposto à anorexia feminina, mas igualmente grave: em vez da esquálida modelo Twiggy, o musculoso Charles Atlas. Muitos adolescentes mostram problemas sérios de autoestima e autoimagem porque se percebem como fracotes, magros demais ou distanciados do padrão "musculoso" tradicional: "Queria ter as costas mais largas", "Gostaria de ser mais corpulento", "Meus braços são raquíticos", e por aí vai. Sentir-se fraco é uma das maiores torturas pelas quais pode passar um menino. O silogismo é claro, embora falso: "Um verdadeiro homem deve ser forte, a força está nos músculos. Eu não tenho suficiente forma física, portanto sou pouco homem e pouco atrativo". Uma armadilha aristotélica mortal, que pode levar ao aumento obsessivo das proporções corporais, de qualquer maneira e a qualquer custo, inclusive com o uso de anabolizantes.

Em épocas de praia e sol a discriminação é clara: as mulheres ocultam a celulite envolvendo-se na canga e os homens escondem a escassa caixa torácica sob uma camiseta folgada, que não tiram por nada deste mundo.

Não estou dizendo que se deve abolir as aulas de educação física – sem dúvida, o cuidado com o corpo é importante, além de saudável. Mas uma coisa é conservá-lo e cuidá-lo de maneira sadia, e outra bem diferente é fazer com que a autoaceitação dependa exclusivamente das medidas corporais. A força física não é uma qualidade intrínseca e determinante da masculinidade, não mesmo. Se o homem reduz sua hombridade aos músculos, substituirá o pensamento pelo suor, e isso sim é grave.

Mas o problema da força não termina aí. O alegado vigor masculino também implica valentia, dominação e segurança em quantidades industriais. Um pacote de exigências muito difícil de obter. A grande proporção de homens que ainda aspiram a essa quimera é o produto de um condicionamento avaliativo, claramente autodestrutivo e desumanizante.

Realmente precisamos ser física e psicologicamente tão poderosos como queremos mostrar? Por que nos esforçamos nas 24 horas do dia para parecermos duros, se no fim vão nos descobrir quando nos conhecerem melhor? A quem queremos enganar com essa pantomima? Muitas mulheres recém-casadas que tiveram relações curtas e não puderam conhecer bem seus cônjuges se queixam de que o marido mudou muito desde o casamento e já não parece o mesmo. Uma de minhas pacientes relatava assim a transformação de seu marido recente: "É outra pessoa... A segurança em si, a iniciativa e a grande capacidade de resolver problemas de maneira diligente, que tanto me impressionaram, desapareceram da noite para o dia... Deitei com um homem e acordei com outro...". Na verdade, muitos homens inseguros mentem para si e para os demais mostrando um padrão de força inexistente, esperando serem aceitos. Não é um jogo de sedução, mas um mecanismo sumamente perigoso e prejudicial para compensar uma autoestima inconsistente.

É certo que um grupo nada desprezível de mulheres ainda se inclina diante de um bom bíceps (basta assistir a qualquer filme em que Antonio Banderas ou Tom Cruise tiram a camisa para confirmar isso) e admira um homem que enfrente o perigo sem piscar. Devemos reconhecer, no entanto, que outra parte da audiência feminina deixou de exigir esse requisito pré-histórico. O problema parece surgir quando a mulher dos sonhos está, aberta ou dissimuladamente, no grupo "pró-John Wayne". Sobre isso, cabe uma anedota. Até pouco tempo atrás, em alguns bares de Medelín (Colômbia) existia um serviço muito especial. Além do vendedor de rosas e do violonista, uns personagens sombrios colocavam em xeque o orgulho masculino. O sujeito se aproximava com uma caixinha na qual se via uma manivela e dois cabos com dois eletrodos grossos em cada extremidade. O apelo era definitivamente insinuante e difícil de ignorar para qualquer homem que se prezasse: "Tente e veja o quão homem você é... Teste a força... Só dois mil pesos". O desafio era inevitável, não apenas como uma exibição para a amiga da vez, mas – muito secretamente – para reafirmar essa arcaica reminiscência de supremacia masculina, algo que, queiramos ou não, ainda se esconde em cada um de nós. O *show* começava quando se contratava o serviço de descargas elétricas. O ousado macho se agarrava nos dois pedaços de metal e o "carrasco", com uma cara de satisfação dissimulada, girava a manivela para ver a intensidade que a vítima era capaz de suportar. Se aguentava bastante, era presenteado com uma bebida e aplausos acompanhados de parabéns efusivos de alguma mesa vizinha. Se, traído pelo lado fraco, o sujeito soltava os eletrodos muito rápido ou demonstrava algum indício de dor, era vaiado e tinha a reputação seriamente afetada.

Lembro que um de meus amigos, professor de Literatura e Filosofia, uma espécie de Woody Allen latino-americano, decidiu – talvez influenciado por uns tragos a mais – se aventurar a medir a própria resistência à dor. Acho que foi o recorde de menor tempo em toda a história. Durou tão pouco que o vendedor do desafio, que não perdoava uma, decidiu não cobrá-lo. Nem gozações houve. Apenas silêncio e alguns olhares de pesar. A namorada dele, uma estudante de

Antropologia defensora da igualdade entre os sexos e aparentemente sem qualquer vestígio machista, não conseguiu ocultar o constrangimento e o desconforto.

– O que aconteceu com você? – murmurou ela, em voz baixa.

Ele, esfregando e assoprando os dedos, limitou-se a responder sinceramente:

– É horrível! Me queimou!

Ao se dar conta de sua explosão antifeminista, ela tratou de emendar a gafe e o abraçou com ternura:

– Não importa, meu amor. *De qualquer forma, eu* te amo *igual.*

É evidente que, embora as coisas estejam mudando, ainda não se digere a fraqueza masculina com facilidade. Em particular diante do tema da dor, penso que a mulher se sai melhor do que o homem. Se nós tivéssemos que parir, o planeta estaria despovoado.

A nova masculinidade não exige tanto. Um homem fraco pode ser viril assim como uma mulher forte pode ser feminina. Para sermos homens, não precisamos nos pendurar pelos polegares, machucar as costas levantando pesos ou suportar estoicamente as angústias, assumindo o papel de um decadente Rambo, um imperturbável Homem de Marlboro ou um atlético e insípido Sansão. Basta deixarmos transparecer o que somos de verdade, sem tentar vender uma ideia distorcida do essencialmente masculino. Temos o direito de mostrar a natural fragilidade abrigada em cada um de nós e de não sentir vergonha por isso. Quem não gostar, que não olhe.

A DESMITIFICAÇÃO DO HERÓI

Tal como afirma Joseph Campbell em *O herói de mil faces*, a aventura do homem como herói aparece repetidamente em lendas, tradições e rituais de todos os povos do mundo: nos mitos polinésios e gregos, nas lendas africanas, nos contos de fadas célticos e na maioria dos simbolismos religiosos. Sempre, de uma maneira ou outra, o peso da figura heroica está presente na cultura e na pedagogia que dela se origina. Embora muitos pais façam o possível para não seguir a tradição, a aspiração a ser um paladino emerge, evidente ou sub-repticiamente, nas formas mais modernas de entretenimento infantil e adulto. As legiões de super-heróis, escritas e filmadas, invadem o mercado criando valores que lembram os épicos mais famosos, obviamente mais modernos e domésticos. Quando um menino brinca com a espada ou o raio laser, quando manipula um robô de controle remoto ou imita o Peter Pan, está representando o trabalho do herói: *o caminho e a fórmula para enfrentar forças fabulosas e regressar triunfante*. Não importa se são dragões, cérberos, monstros de mil cabeças ou a Segunda Guerra Mundial, a história é a mesma. Desde Prometeu, Jasão, Enéas, Hércules, Moisés e Ulisses, até Robin Hood, o Cavaleiro Solitário, Super-Homem e Robocop, a morfologia das grandes façanhas contém risco, espírito de aventura, autodeterminação, valentia sem limites, habilidades deslumbrantes e, claro, desprendimento da própria vida. Além disso, os heróis não conhecem o fracasso e quase sempre são homens.

Não é fácil para um menino renunciar a ser um campeão, se a esperança da família e da humanidade, tal como mostra a antropologia do mito, anseia e repete sistematicamente a mesma história secular de proezas. Analisando-se a partir de um ponto de vista mais complexo, talvez seja a própria estrutura inconsciente masculina a que tem implícita a sentença de buscar satisfazer os sonhos de grandeza de uma sociedade perturbada, que busca se redimir. Parece que os heróis são necessários.

Não obstante, para muitos homens – entre os quais me incluo – o anti-herói é o favorito. As vantagens saltam à vista: o anti-herói não precisa iniciar nenhuma *busca* (não há façanhas em terras distantes), *não há provas* a vencer (não são necessárias vitórias ou iniciações), e não há *retorno* triunfante (nada é conquistado). O anti-herói quebra o mito e destroça a própria e asfixiante necessidade fantástica da tradição patriarcal. O anti-herói não quer donzelas, nem corcéis, nem resgatar ninguém. Tampouco anseia pelo perigo para se colocar à prova, já que não há nada para ser provado. Ele se nega a demência brutal do típico combatente e não vê a mulher como uma tentação que deve ser evitada para levar a um final feliz seu gesto ególatra. O anti-herói não quer ser santo, redentor, imperador, nem dono de reino algum. Ele quer abraçar em silêncio, dormir com calma, amar intensamente e, por que não?, ser resgatado por alguma heroína valente e atrevida, dessas que não aparecem nos contos de fadas.

O típico macho despende grande parte da energia imitando o modelo heroico apregoado pela cultura. Não importa se é San Martin, Bolívar, Onassis ou Rockefeller, a fantasia está presente. Como um espinho cravado no próprio alter ego, o homem transita pelo mundo buscando alguma proeza que dê sentido à vida. Se pudéssemos calcular o tempo que investimos nesse tipo de desvario, sem dúvida ficaríamos surpresos.

Gostemos ou não, por trás de toda empreitada masculina, seja ela econômica, esportiva ou intelectual, há um sentido épico tentando se concretizar. Que tarefa exaustiva esta, de buscar façanhas e bater recordes do Guinness!

Em franca oposição a esse estilo lendário, a liberação masculina quer libertar a mente de tanto complexo de superioridade e deixar sair o anti-herói individual, esse que garbosa e mansamente repousa em cada um de nós. Esse que escapa, tropeça, cai, levanta, insiste, volta a cair e segue em frente. O que vive e persiste, embora muitas vezes não saiba o que fazer. Me refiro simplesmente ao homem normal, despojado de todo atributo sobrenatural e sem mais cargas do que a própria identidade.

Três fraquezas psicológicas masculinas

Embora as fragilidades psicológicas masculinas possam encher vários tomos de uma enciclopédia (elas irão aparecendo ao longo do presente texto), aqui só apontarei três medos básicos, geralmente encobertos pelo ego, comuns a quase todas as culturas, altamente daninhos e mortificantes para aqueles homens que ainda insistem em ser duros, intrépidos e ousados. São eles: 1) o medo do medo, 2) o medo de estar afetivamente sozinho e 3) o medo do fracasso. Vejamos cada um em detalhes.

1. O medo do medo

Um homem medroso não é bem-visto em parte alguma. É possível que algumas mulheres de forte instinto materno sintam-se momentaneamente enternecidas, ou que alguns membros da Cruz Vermelha Internacional apiedem-se dele, mas cedo ou tarde um desprezo ancestral e muito visceral aparece. Como se não honrasse a própria espécie ou pusesse em perigo a subsistência dela, o homem covarde é segregado e seriamente questionado, não só pelas mulheres, mas, principalmente, pelos homens.

Há alguns anos, depois de me separar, fui morar em um novo apartamento. Lembro que o porteiro, um homem de uns sessenta anos, talvez pela minha condição de "só", mostrava-se especialmente amável e colaborativo. Sempre interpretei a atitude serviçal dele como uma forma de solidariedade e cumplicidade de gênero. Quando eu chegava em casa com alguma amiga, sempre me abria a porta da garagem com uma piscadela de olho ou, se eu recebia alguma visita feminina, o anúncio ao interfone levava implícito um tom de anuência com licença para delinquir. Era como se dissesse:

– Que safado, mais uma. Bendito seja entre os homens deste mundo. Já que não posso, ele faz por mim.

No dia seguinte, se eu saía para correr pela manhã, saudava-me com um sorriso, uma palmada nas costas e um comentário agradável sobre o clima e a saúde:

– Muito cansado, o doutor?

Ainda que os meus encontros com o sexo oposto não superassem a média estatística de qualquer solteiro normal, meu amigo porteiro começou a me ver como uma espécie de exemplo masculino: "O mestre". Subia o jornal para mim antes de todos, vivia grudado na minha correspondência e no meu carro, enfim, uma espécie de mordomo inglês, com toque latino e popular.

Tudo ia bem até que um dia, lá pelas onze da noite, fui despertado do sono pelo roçar de um objeto morno, áspero e meio gelatinoso no meu rosto. Quando tentei me mover, o objeto começou a dar voltas sobre a minha cabeça com um estrondo de asas, como se fosse uma frota de helicópteros. Quando acendi a luz, descobri que o meu pesadelo tinha se tornado realidade: havia um morcego no quarto e, pelo tamanho, certamente era um parente direto do Batman. O medo de mariposas, baratas e morcegos é um dos legados genéticos da família da minha mãe, algo que tive de aceitar e que tentei vencer sem muito sucesso. Mas um morcego no meu quarto era demais. Após meia hora de guerra campal, na qual tentei, sem sucesso, fazer com que o animal saísse pela janela (talvez ele estivesse tentando fazer o mesmo comigo), decidi recorrer ao meu amigo porteiro. Na realidade, durante esses momentos angustiantes de taquicardia, cabelos em pé e suor frio, mais do que um porteiro, ele era um anjo da guarda.

Quando o acordei e, de maneira atropelada, contei meu drama, a preocupação inicial foi se transformando em desconcerto e depois em curiosidade: não sabia se eu estava falando sério ou se era uma brincadeira. Subiu ao apartamento com a agilidade de um caçador, de vassoura em punho. Matou o animal, pegou-o pela asa e tratou de analisá-lo, como se estivesse tentando entender a origem do meu medo. Por fim, mostrou-me o morcego enquanto dizia, laconicamente:

– Quer que eu faça algo com ele?

Só consegui responder que ele jogasse o bicho o mais longe possível, abracei-o e agradeci efusivamente. Contudo, ao me despedir dele, pude perceber em seu rosto um gesto tímido e um olhar de profunda decepção mal dissimulada.

Alguns dias depois, o desencanto inicial daquela noite havia se transformado em indiferença. Ele havia enterrado toda a admiração: afinal, ninguém perdoa um ídolo derrubado. Por trás dessa aparente fachada de garanhão, que ele mesmo havia fabricado para mim, escondia-se um covarde incapaz de matar um mísero morcego. Eu havia me transformado numa fraude, numa desonra para o gênero masculino. Embora não tenha deixado de me cumprimentar, terminaram o tratamento especial, as ajudas, as piscadelas de olho e as palmadas matinais nas costas. Já não importava quantas amigas seguiram desfilando pela minha vida: só ficou um seco "bom dia" ou "boa noite", isento de toda graça e longe de qualquer simpatia.

Esta depreciação do macho medroso não é exclusiva dos humanos. Em um estudo recente feito com uns belos peixinhos chamados *Trinidadian*, publicado pela *Scientific American*, os pesquisadores questionaram que impacto tinham nas fêmeas as manobras de dois tipos de peixes machos (ousados e prudentes) diante de um grupo de predadores de tamanho maior. Os dados foram surpreendentes. Os peixes que mais fanfarroneavam e arriscavam a vida inutilmente eram muito mais valorizados pelas fêmeas do que os que se mantinham longe dos predadores e não faziam alarde da própria valentia. As fêmeas preferiam passar mais tempo e entregar seus encantos aos machos que viviam perigosamente, em vez de estar com os cuidadosos e ajuizados. A lógica dizia que os peixinhos mais sensatos e precavidos deveriam ter sido os mais procurados para a cópula, pois eram os que ofereciam maior probabilidade de sobreviver e, portanto, assegurar a perpetuação da espécie. Mas as fêmeas preferiram, de todo jeito, os machos audazes e imprudentes. Foi como se dissessem: "Se, apesar de tudo, estes sobrevivem, devem ser melhores exemplares da espécie". O Príncipe Valente em versão aquática.

É evidente que existe uma supervalorização, com origens biológicas e agora culturais, a pressionar impiedosamente o macho para a valentia. Ser covarde é o pior dos insultos, motivo de reprimenda e até de fuzilamento em tempos de guerra. Tampouco creio que o tema esteja muito superado pelo sexo oposto: *elas vigiam nossos níveis de adrenalina.* Se um homem saltasse sobre uma mesa, pálido, trêmulo e gritando diante de um diminuto rato que corre ao redor dele, perderia não apenas a namorada, mas o próprio sobrenome. Conheço um caso em que o noivado acabou por conta de um incidente similar.

– O que posso esperar de um homem incapaz de controlar os próprios medos? – questionava, indignada, a candidata a esposa.

Se a figura da mesa fosse uma mulher, a irracionalidade do comportamento dela seria julgada com muito mais benevolência. Ela receberia alguns conselhos sobre como enfrentar o pequeno e insignificante roedor, mas não teria a autoestima atacada. Isso para não mencionar o desmaio masculino: no mínimo, a extradição. Homem que desmaia ou é epiléptico ou é gay.

Lembro do fato tragicômico ocorrido com um amigo psicólogo, excelente profissional e com uma notória fobia a pássaros. Ele estava em plena consulta com uma senhora muito formal e empertigada quando um enorme pássaro preto entrou pela janela e pousou no ombro dele. Ao se ver cara a cara com o animal, ele saiu correndo, gritando e estapeando para afastar a ave inoportuna. Mais tarde, quando outra psicóloga colega de trabalho conseguiu retirar o pássaro e ele se animou a entrar de novo no consultório, a paciente havia saído de cena. Como era óbvio, nunca mais voltou. Quando a secretária telefonou para marcar uma nova consulta, ela manifestou o incômodo:

– Pode ser que o doutor seja muito bom, mas eu sou um pouco conservadora em relação às diferenças entre homens e mulheres. Acho muito difícil confiar em um homem covarde. Melhor não remarcarmos a consulta.

Quem disse que o homem não pode ter medo? De fato, não importa o que façamos, seja recorrer ao antigo xamanismo ou à moderna engenharia genética, o medo é a resposta natural e inevitável a situações de perigo. É como a evolução nos equipou para nos defendermos dos predadores e, embora isso não agrade aos machistas, parece que seguirá nos acompanhando por mais alguns séculos. Não estou promulgando o medo como uma virtude a ser exaltada, mas como uma característica irremediável com a qual é preciso aprender a conviver. Pode ser exagerado, irracional ou patológico em alguns casos, mas definitivamente é impossível de eliminar pela raiz e para sempre (com exceção, claro, de alguns tipos de psicopatias, como as de Boogie "o seboso" e Harry "o sujo").

2. O medo de estar afetivamente sozinho

Há um déficit psicológico masculino que costuma se manifestar quando o homem se vê obrigado a estar só. Essa síndrome de solidão regressiva aparece em situações de estresse ou em acontecimentos vitais que impliquem perda afetiva, como a separação, o fim de um noivado ou a viuvez. A privação afetiva na vida de um homem típico é devastadora e responsável direta por todo tipo de medo, insegurança e depressão.

A ligação que os homens estabelecem com as fontes de segurança afetiva merece ser pesquisada mais a fundo pela psicologia. Além do sexo incrível que podem nos proporcionar nossas mulheres, necessitamos de companhia, apoio e ânimo em quantidades consideráveis. Ainda que queiramos dissimular isso e mostrar um desapego próximo da iluminação, sem o apoio afetivo não conseguimos viver. Muitos super-homens bem-sucedidos, líderes econômicos e políticos, no mais íntimo de seus seres, precisam dos conselhos e do empurrão feminino para seguir adiante. Seja um golpe de Estado ou a mais arriscada operação financeira, a oportuna sugestão feminina deixa sua marca. A mulher ideal para a maioria dos homens: *uma ninfomaníaca na cama e uma mãe fora dela*; uma relação quase incestuosa na qual os homens propõem e as mulheres dispõem.

Um exemplo particularmente interessante desta necessidade de companhia feminina são os frequentadores de prostíbulos. Ao contrário do que geralmente se pensa, o visitante assíduo, além de sexo, também costuma buscar afeto. A prostituta, quando é verdadeiramente profissional, não tem apenas relações sexuais com o cliente, mas literalmente o ama, cuida dele e o contempla durante o encontro. O homem solitário, tímido, com poucas habilidades sociais de conquista, complexado, que se sente feio, gordo, magro ou pouca coisa, nos bordeis pode encontrar um lugar de aceitação "incondicional" proporcional ao que foi pago. Não existindo rituais de conquista ou corte, o risco de rechaço, ainda que artificial e comprado, é eliminado. Não há o odioso "não", com que tantos de nós temos de lidar, não há nada a dissimular, nada a aparentar ou mostrar. Muitos grandes pensadores, filósofos e escritores encontraram nessas sórdidas casas de lenocínio sua maior fonte de inspiração e uma maneira de esconder sua tímida solidão afetiva. O filósofo e ensaísta romeno Emil Cioran dizia: "A atmosfera do bordel que vivi é inconcebível para os ocidentais. Devo dizer que todas aquelas mulheres eram húngaras, e não se pode imaginar melhor mistura de sensualidade e instinto materno. No Leste, o bordel era o único lugar onde se podia encontrar algum calor humano".

Não estou apoiando o comércio sexual. Penso que o homem que compra sexo ou amor destrói grande parte de sua autoestima. Mas devo reconhecer que muitas dessas casas de tolerância colaboraram como centros de intervenção em crises de um sem-número de homens sós, deprimidos e potencialmente suicidas. Além de qualquer conotação sexual ou moral, não é difícil entender o encanto que esses lugares de relax podem exercer sobre os homens que sofrem de solidão afetiva severa. Inclusive alguns, como o poeta francês Charles Baudelaire em "As queixas de um Ícaro", chegaram a questionar as supostas vantagens do amor romântico sobre o pecaminoso amor carnal:

Os amantes das putas
São felizes e se fartam
Eu, de me esticar até as nuvens,
Tenho os braços quebrados.

Embora muitos homens vivam sozinhos e pareçam adaptar-se adequadamente a esse papel, o processo psicológico que o macho precisa elaborar para chegar a aceitar a solidão afetiva é muito mais complexo e indubitavelmente mais difícil de assimilar do que o da solidão feminina. As estatísticas mostram que o homem separado não é capaz de desfrutar da própria solteirice por muito tempo. Um sentimento de ansiedade o empurra a buscar uma nova companheira para substituir rapidamente a que vagou. Infelizmente, essa rapidez pode levá-lo a equivocar-se novamente: outra vez a que não era para ser.

Quando um homem propõe e incita a separação de maneira segura e tranquila à mulher, das duas uma: ou é um homem muito resolvido ou tem outra. Minha experiência profissional me ensinou que a segunda opção é a mais provável. Embora a incapacidade de se divorciar deva-se a muitas causas (por exemplo, culpa, senso de responsabilidade, amor pelos filhos, problemas econômicos), realmente para a maioria dos homens ela é cômoda. E a separação, por definição, é incômoda. O homem não costuma saltar para o vazio porque assim perderia suas principais fontes de afeto, segurança, prazer e convivência, isto é, filhos, sexo, comida e empregada doméstica, o pacote completo, com o calor do lar. Por tal razão, muitos funcionam de acordo com o princípio do Tarzan: *Não se soltar de um cipó até estar bem agarrado a outro.* Quando um homem vai embora de casa, quase sempre tem algo seguro em que se aferrar – embora por vezes possam haver "engarrafamentos afetivos". Alguns "tarzans" permanecem pendurados em dois cipós, imóveis, quietos, com cara de "não fui eu", presos entre duas mulheres. Uma é parte do bem-estar do lar e da estabilidade maternal; a outra é o vendaval de emoções, o desejo e a loucura incontrolável que o lembram de que ele ainda é jovem e pode refazer a própria vida. Em geral, a que desafoga o trânsito afetivo é a esposa. Vejamos um exemplo:

A.R., paciente de trinta anos, casado há cinco e com dois filhos pequenos, dava a seguinte descrição da esposa:

"É muito feia. Além disso, o cheiro dela me parece enjoativo. Ela é mandona e exerce sobre mim um poder impressionante. É oito anos mais velha do que eu e a diferença se nota muito. Devo reconhecer que ela me dá segurança e sabe me tranquilizar quando estou nervoso. Na verdade, eu vivo estressado. Já disse a ela para emagrecer, colocar uma minissaia e me seduzir, mas ela não é capaz. Quando me procura sexualmente, é um verdadeiro suplício. Não a deixo se aproximar muito ou tocar em mim. Não sei, sentir a pele dela me incomoda. É uma boa mulher e me ama, mas não estamos sintonizados nos gostos. Vivo entediado. Não sei o que fazer."

A.R. tinha decidido buscar ajuda profissional porque se sentia preso em um dilema. Há cerca de um ano e meio mantinha relações extraconjugais com uma jovem de 23 anos, solteira, disposta, sobre quem ele falava assim:

"Ela me encanta. É fresca e sexy, o cheiro dela me fascina. É amável e compreensiva. Quando estou com ela, me sinto um homem de verdade, porque consigo assumir o controle da situação. Cheguei a ter cinco orgasmos seguidos. Gosto de como ela se veste, do sorriso, os dentes são brancos e parelhos... Ela é muito carinhosa, é como a minha alma gêmea."

Quando perguntei a ele porque havia se casado e tido filhos, não conseguiu me dar uma resposta clara:

"Não sei, acho que ela me convenceu. Me disse que se não casássemos sairia da minha vida. Fiz meio que por obrigação. Queria ter uma família, mas me equivoquei de mulher."

Mesmo com todas as evidências a favor, ele não era capaz de se separar. Sentia uma mortífera mistura de culpa e medo do que estava destruindo e, embora o sentimento de irresponsabilidade fosse angustiante, pior era o medo de se equivocar e ficar sem suas habituais chaves de segurança.

Passamos várias semanas falando sobre a possibilidade de separação até que um dia, como era previsível, o romance foi descoberto. A mulher dele reagiu como fazem as esposas valentes e independentes. Mandou uma mensagem seca: "Coloquei a sua roupa na porta, pode vir buscar quando quiser". Contra todos os prognósticos, A.R. implorou, chorou e suplicou que ela o recebesse de volta, mas nada comoveu a mulher ofendida. Hoje, depois de quatro meses, ele vive sozinho em um apartamento e ainda não sabe o que fazer. Seu papel como pai melhorou e ele não sente tanto a ausência dos filhos, já que os vê mais do que antes. Segue saindo com sua "alma gêmea" e em algumas ocasiões, sob os efeitos do álcool, golpeia infrutiferamente as portas da casa da "ex-mulher", pedindo que ela volte a recebê-lo. O dilema segue vivo: a amante versus a mãe adotiva... Difícil escolha.

Em 85% dos casos tratados por mim, durante vinte anos de exercício profissional, a voz principal tem sido sempre da mulher. O mesmo ocorre nos países ricos: 90% dos divórcios são pedidos por mulheres. Se a situação econômica permite, elas são, definitivamente, mais decididas do que nós. Para a mulher, o desamor pode chegar a justificar qualquer adeus. Vi relações absolutamente machistas e despóticas acabarem em um segundo, quando a mulher, de forma tranquila e amável, diz ao homem que não quer mais e que deseja separar-se dele: "Acho que viveria melhor sozinha com as crianças", "Quero ser livre", "Cansei de só dar", "Quero me encontrar". Como a personagem do filme *Alice*, protagonizado por Mia Farrow, muitas simplesmente se cansam do papel convencional da esposa e iniciam uma revolução sigilosa que costuma pegar o homem de surpresa. Nessas situações, o típico macho dominante sofre uma involução ao colo materno e às formas mais arcaicas de medo e submissão. A queda do herói. É definitivo: *nós, homens, temos o controle afetivo enquanto as mulheres quiserem que o tenhamos.*

Sem dúvida, uma das causas da dificuldade masculina em encarar a própria solidão afetiva está no padrão egocêntrico-narcisista dentro do qual o homem é tradicionalmente educado. Em muitas estruturas sociais, o "homenzinho" ainda se crê mais privilegiado do que a "mulherzinha": a porção maior, o primeiro sim, o carro com idade precoce, mais dinheiro na mesada, enfim, uma chuva de favores e privilégios patrocinados e administrados pelos dois progenitores, mas principalmente pelas próprias mulheres. Ainda que os pais colaborem bastante para transmitir esse legado absurdo e sexista, não cabe dúvida de que a batuta está em mãos femininas: "A rainha manda no palácio".

Muitas sociedades que na aparência mostram-se patriarcais escondem uma organização familiar claramente matriarcal-maternal, em que o poder psicológico reside nas matronas e o econômico, no homem. Mais além de qualquer consideração sociológica, o ditame é quase lapidar: *a mulher cria o homem.* As mães amamentam, cuidam, acariciam, alimentam, abraçam, defendem, repreendem, preocupam-se, moldam e amam profundamente seus filhos. Como um grande analgésico, o feminino está presente em toda a vida afetiva masculina, criando dependência, vício e segurança. Como dizia sarcasticamente a escritora Virginia Woolf: "As mulheres serviram todos estes séculos como espelhos que têm o mágico e delicioso poder de refletir a figura do homem com o dobro do seu tamanho natural".

Não pretendo negar a sã importância do cuidado feminino, mas certos valores errôneos transmitidos durante a criação, que são aplaudidos e instigados pelo pai ausente. As "supermães" não só geram nos filhos um apego à mulher-babá, mas um estilo afetivo sumamente egoísta e ególatra. Ao tentar acertar, erram.

Creio que a reclamação feminina mais escutada dentro das casas deve ser: "Você só pensa em si" ou "Você não sabe dividir". E é verdade. O homem aprende a ser melhor receptor do que doador. *Somos excelentes receptores de afeto, mas não muito bons na hora de dispensá-lo.* Não estou dizendo que não sabemos dar amor, mas que preferimos recebê-lo.

Internalizamos equivocadamente a ideia de que é mais importante sentir-se satisfeito do que satisfazer, e essa forma unidirecional de viver o amor nos fez perder o prazer da entrega como forma de vida: *a sorte de ter a quem amar.* A fortuna de poder depositar o amor em alguém pode chegar a ser muitíssimo mais impactante do que a felicidade de recebê-lo. Um paciente me dizia:

– Preciso de alguém para cuidar – e apenas com isso disse tudo.

Fazer alguém afetivamente feliz é outra forma de dividir. Mas nós, homens, não entendemos isso: aguentamos melhor o não ter a quem amar do que o não ser amado. Isto é, não sabemos prescindir da dose de cuidado, proteção e preocupação com a qual nos amamentaram nossas mães. A ideia de um homem impermeável, ermitão, ranzinza e afetivamente autossuficiente, é mais a exceção do que a regra. Precisamos que cuidem da gente, esta é a verdade.

Nós, homens, como veremos mais adiante, teremos de assumir um papel mais ativo, colaborador e crítico na educação de nossos filhos se quisermos evitar que esse esquema de abandono e incapacidade siga propagando-se de geração em geração. Nem o desterro do pai, alheio e distante, nem a superproteção feminina, intensa e asfixiante. Não queremos concessões nem privilégios educativos que amanhã ou depois nos incapacitarão para cuidar de nós mesmos. Precisamos de um novo homem que possa compreender que a solidão vivida a partir do dar é qualitativamente distinta da sentida a partir do egoísmo. Se proporcionar amor nos faz feliz, nunca estaremos sós, porque sempre haverá alguém a quem amar.

A partir desse ponto de vista, seria paradoxal que as famosas gueixas, alvo das mais duras críticas feministas, resultaram em um bom exemplo para que os homens narcisistas "merecedores" aprendessem a arte de agradar. Depois de tudo, muitas mulheres gostariam que seus maridos se convertessem, mesmo que só de vez em quando, em mimosos e adoráveis "gueixos".

3. O medo do fracasso

A competição é parte do dia a dia de qualquer homem normal educado neste planeta. Seja como desafio e meta ou como capacidade e presunção, o típico homem está situado entre estes significados básicos de "poder" que definem boa parte de sua existência.

O valor da dominação é um princípio orientador que acompanhou o sexo masculino durante toda a evolução. A sentença é indiscutível: quanto mais poderoso é um macho, mais privilégios terá para garantir a própria sobrevivência. O domínio sobre os demais membros garante, entre outras prerrogativas, a alimentação, o respeito e um harém de fêmeas de dar inveja a qualquer sultão. Além disso, quem ostenta o poder também gera um sentimento de proteção e segurança em seus subalternos e no grupo de referência imediato. Por esta razão, o dominador costuma ser mais agradado e desejado, tanto por um sexo quanto pelo outro.

A atração positiva que o prestígio do macho produz nas fêmeas é um fator que se repete constantemente no mundo animal, e não só nas espécies mais evoluídas, como os primatas, mas nos níveis mais inferiores da escala zoológica. Em uma pesquisa realizada com hamsters no fim dos anos 80 e publicada na revista científica *Hormones and Behavior*, os pesquisadores compararam a influência do nível de dominação hierárquica dos machos na escolha das fêmeas para a cópula. Quando as inquietas ratas precisavam decidir entre ratos "subordinados" ou "dominantes", não duvidavam muito: todas escolhiam, sem pestanejar, o de maior poder – aquele a quem os outros obedeciam –, o "chefe da tropa". O interessante é que as fêmeas não tinham como saber qual era qual à primeira vista. Como os ratos permaneciam presos, não tinham como fazer alarde algum sobre nada. Não havia como mostrar os furores agressivos e territoriais que caracterizam o macho alfa, como morder ou subjugar fisicamente os competidores. Não obstante, apesar do aparente vazio informacional da situação, todas as fêmeas, sem pudor algum, decidiram copular com o mandachuva.

Como sabiam quem era quem? Muito simples e muito complexo ao mesmo tempo: um indicador hormonal de elevação e poder, patrocinado pela natureza, guiava o olfato das pequenas ratinhas até o rato dos sonhos. Os machos dominantes emanavam um feromônio específico que os subordinados não tinham. Vale lembrar que as pequenas fêmeas de bobas não tinham absolutamente nada; além das reconhecidas vantagens de estar com o "dono da bola", existia diferença fundamental na potência reprodutiva: enquanto os ratos dominantes conseguiam quarenta penetrações por hora, os subordinados conseguiam uma deprimente média de duas. Essa pronunciada preferência feminina pelos machos de categoria superior ocorre desde as lagostas e os caranguejos até os chimpanzés, passando pelo gado e pelos cervos. Um apoio filogenético para a famosa asseveração de Kissinger: "O poder é o maior afrodisíaco".

Nos humanos, a relação entre a dominação masculina e a atração feminina também parece estar presente, ainda que de maneira mais refinada. Algumas pesquisas (veja-se Gallup, 1993) lançam dados verdadeiramente preocupantes para os homens que querem se livrar do papel de provedores. Nos Estados Unidos – paradoxalmente o berço do movimento de liberação feminina –, a metade das mulheres prefere que o homem siga exercendo as funções de mando, tanto no âmbito do trabalho quanto dentro de casa. Ser o provedor não é a vocação mais desejada pela metade das mulheres.

Querer triunfar a todo custo e sob qualquer circunstância gera no homem características verdadeiramente obsessivas. Nós, homens, não sabemos perder: se isso ocorresse, ainda que só eventualmente, estaríamos desperdiçando nosso principal encanto. Dia após dia, a necessidade compulsiva de subir nos dá impulso. Precisamos obter êxito assim como a mulher precisa ser bela para competir. Um homem "sustentado" é muito mais horrível do que uma mulher muito feia. Um macho pouco ambicioso e sem "vontade de progredir" é, definitivamente, um homem insosso, sem graça.

Quando, por falta de ambição do homem, a mulher se vê obrigada a assumir a liderança econômica, as consequências afetivas para o casal podem ser mortais. Uma punhalada direto no coração. A autoestima masculina fica abalada e a admiração, um dos principais motores em que se fundamenta o amor feminino, deixa de funcionar. Quando isso ocorre, o colapso é apenas uma questão de tempo.

Conviver com um alcoólatra é aterrador – e com um mulherengo crônico, então, nem se fala. Mas viver com um homem que seja "pouco" é impossível. Para os machistas, a alegação inversa é igualmente válida: "Conviver com uma mulher mal-humorada e frígida é doloroso, mas com uma que exerça com êxito a profissão e que seja economicamente independente é algo tortuoso". Para onde quer que se olhe, a exigência cultural do macho é clara e sufocante: "Sua essência será medida pelos padrões das suas próprias conquistas".

A.G. era uma mulher de 36 anos, mãe de dois filhos e casada pela segunda vez havia cerca de um ano. O novo marido viera de outra cidade para viver com ela e procurar emprego, mas a recessão que o país enfrentava o manteve sem trabalho algum. A.G. mostrou-se tolerante com a situação até que as economias do marido acabaram e ela precisou sustentá-lo. Depois de dois anos e meio de um namoro encantador, no qual a compreensão havia sido o fator aglutinador de ambos, um estilo agressivo e desrespeitoso por parte dela começou a se impor. A.G. tinha a paciência esgotada e a irritação aumentava:

– Sei que não é culpa sua, mas me sinto explorada. Vejo você em casa sem fazer nada, sentado como um encostado. Imagina, outro dia você acordou às dez da manhã! Estava melhor sozinha. Preferia um bêbado a um vagabundo.

Quando eu a fazia enxergar que em realidade não se tratava de um vagabundo, mas de um desempregado, ela se arrependia e voltava à razão. O marido era um homem bom, consciente da situação, que sofria tanto ou mais do que ela. A.G. tratava-o a cada dia mais displicentemente, com indiretas e um mal-estar que tornavam o ambiente intolerável. O que chamava a atenção era que o salário dela era perfeitamente suficiente para ambos. Mas ter um homem em casa era incompreensível para a minha paciente. Desde a separação, ela havia sido uma lutadora incansável e tomara para si a responsabilidade econômica gerada pelos filhos, mas agora não era capaz. A deterioração da relação foi tanta que ele estava a ponto de voltar para a cidade de origem.

Quando a coisa toda já estava precisamente em carne viva, a deusa da fortuna lhes sorriu e o marido, com dez quilos a menos de tensão, conseguiu um posto de trabalho aceitável. A partir deste momento, a relação melhorou como que por mágica. Ao cabo de uns meses, por conta de um pequeno problema com um dos filhos, o casal regressou ao meu consultório e contou que estava como nos velhos tempos. Tudo andava nos trilhos. Dava para vê-los alegres e em paz. Quando fiquei sozinho com ele por uns instantes, confessou-me em voz baixa:

– Quase não saímos dessa. Aprendi que não posso ficar sem trabalho. Vou cuidar do que tenho, senão estou acabado. Na verdade, tenho medo...

Sua tranquilidade era apenas aparente. Só atinei a sussurrar um simples "Sim..., claro...", tratando de dissimular um sentimento de pessimismo e muita consideração. Não gostaria de estar na pele dele. Embora nunca mais tenha ouvido falar deles, tenho por certo que são um casal vulnerável. Enquanto as condições trabalhistas, econômicas e empreendedoras do marido funcionarem adequadamente, A.G. será sempre uma ardente e compreensiva mulher. Mas se a fatalidade econômica voltar a rondar o lar, ela não resistirá muito, e ele sabe disso. Que o orçamento familiar se altere por conta da situação do país tudo bem, mas que o vínculo afetivo também dependa disso, não é fácil de aceitar. Pragmático e conturbado demais para o meu gosto.

Se considerarmos os benefícios e as potenciais recompensas geradas pelo prestígio, não é de se estranhar que, com o tempo, a vontade de alcançar e manter o status próprio e familiar se converta em ganância e vício no trabalho. Há homens para os quais as férias geram depressão e outros a quem o ócio produz estresse. Não sabemos gerenciar nem desfrutar do tempo livre: ou nos aborrecemos, ou nos sentimos culpados. Um paciente meu que ainda não tinha cinquenta anos, vice-presidente de uma multinacional famosa, sentia-se "muito estranho", quase doente, quando estava em paz. Sua razão de viver era produzir dividendos. Se não havia ativação autonômica (adrenalina) e pressão, sentia-se muito estranho.

Se algum dia nos descobrimos pensando desta mesma maneira, teremos entrado nas estatísticas epidemiológicas. Por exemplo, o índice de suicídios masculinos é quase o triplo do feminino. Algo parecido ocorre com o abuso de álcool e drogas. Nos países industrializados, a expectativa de vida do homem é de oito anos a menos do que a das mulheres que não trabalham – quando o fazem, a diferença se reduz. Por conta do conhecido estresse masculino, os indicadores de violência familiar e infarto sobem de maneira alarmante. Até pouco tempo atrás, pensava-se que as mulheres se deprimiam três vezes mais do que os homens: os novos resultados mostram que estamos alcançando-as rapidamente, com claras perspectivas de ultrapassá-las. Desgraçadamente, ainda que a mortalidade precoce e a péssima qualidade de vida nos espreitem, perseguimos obstinados o tão ansiado poder. É compreensível que alguns homens mais ligados, cansados de escalar posições, abriguem na mais profunda intimidade o desejo oculto e traidor de serem "um dono de casa", obviamente de classe média ou alta. A ambição mata o homem, mais do que a mulher.

Parte da problemática esboçada até aqui sobre o medo do fracasso encontra explicação em dois perigosos mitos responsáveis pela aprendizagem social do macho. Estes critérios formadores, ou melhor, deformadores, são más traduções culturais dos velhos e pré-históricos parâmetros de dominação biológica.

São eles: a) "Você vale aquilo que tem" e b) "Você pode tudo". O primeiro orienta nossa atenção aos aspectos mais superficiais da vida e nos separa abruptamente de uma existência mais transcendental. O segundo nos priva da melhor das virtudes: a humildade.

Você vale aquilo que tem

É o equivalente a dizer: "Não importa quem você é". Os homens poderosos e civilizados produzem seu próprio feromônio. Ele não tem cheiro, mas é visível. Sua manifestação está representada pelos típicos sinais de status e êxito social, tais como um bom trabalho, roupas de marca, cartão de crédito platina, carro esportivo, casa luxuosa, mordomos e outros mimos. Não importa quem seja o portador, estas coisas compensam tudo. O dinheiro, o mais evidente sinal de supremacia masculina civilizada, gera no homem acesso direto a um sem-número de reconhecimentos e favores específicos para o gênero masculino. As barganhas vão desde os desejados cargos políticos até a submissão, obviamente condicional, de algumas belas mulheres (por exemplo, Jacqueline Kennedy com Aristóteles Onassis). Seja na Antiguidade ou na atual Pós-Modernidade, a tendência parece ser a mesma: o homem compra beleza e juventude e a mulher, segurança e proteção. A atriz Zsa Zsa Gabor dizia: "Nunca odiei um homem o bastante para devolver seus diamantes".

O poeta latino Horácio, que morreu oito anos antes do nascimento de Cristo, queixava-se abertamente do poder do dinheiro: "Um rico, por mais grosseiro que seja, sempre agrada. Vivemos no século do dinheiro, todo o mundo inclina-se diante do bezerro de ouro e até o amor se consegue com a força do dinheiro". Em outro trecho, escrevia de maneira mordaz: "A riqueza é uma rainha que outorga beleza e formosura".

Alguns séculos depois, os versos do escritor espanhol Francisco de Quevedo confirmam que a percepção não havia mudado substancialmente:

Quem faz do torto galã?
E prudente o sem conselho?
Quem ao velho avarento
serve de rio Jordão?
Quem faz das pedras o pão
sem ser o Deus verdadeiro? O dinheiro.

A relação entre poder e poligamia (um homem com várias mulheres) está documentada em quase todos os grupos indígenas da América. Quanto mais status tem o sujeito, não importa de que tipo (bruxo, mágico ou econômico), a mais mulheres ele pode aspirar. O xamã dos piaroas e dos chocoanos, ou o "mama" dos koguis, todos, sem exceção, têm direito a mais de uma companheira.

Sentir-se objeto sexual é tão incômodo como sentir-se objeto econômico. Mas se um par de pernas não diz muito sobre a vida interior feminina, uma conta bancária polpuda na Suíça diz muito sobre o homem que a tem. Enquanto as mulheres se deprimem mais por desamor (esta é a lógica), os homens desmoronam com as falências e as perdas econômicas (são a principal causa de depressão masculina). Para muitos homens de negócios, perder a mulher é quase tão grave como perder a empresa. Enquanto as mulheres costumam competir entre elas mais pelo que são, a maioria dos homens rivaliza entre si por aquilo que tem. Mesmo existindo exceções, a direção do vetor é evidente: se queremos deixar um companheiro de gênero verde de inveja, simplesmente deixamos escapar, meio sem querer, um polpudo investimento em dólares. Ou, se a ideia é aniquilar definitivamente o ego do competidor –

e com isso inflar o próprio –, basta passear lentamente na frente dele com uma supermodelo escultural e sorridente pelo braço. A inveja pode matá-lo. Nem mesmo ter algum talento especial (ser esportista, cientista, músico) produzirá efeito igual: *o virtuosismo entre os homens é admirado e respeitado, mas jamais será invejado*. Embora devamos abolir as competições pessoais, se tivesse de tê-las preferiria rivalizar pelo que sou, e não pelo que tenho.

A emancipação da mulher e sua ingerência no mundo do trabalho criaram uma variável em toda essa disjuntiva do competir e do ter: a mulher economicamente bem-sucedida. Para o homem inseguro, o sucesso econômico da companheira é um verdadeiro castigo do destino. Alguns preferem a pobreza a ter de depender da mulher. Outros tendem a ofuscá-la, a fundi-la e/ou ao menos menosprezar as conquistas dela, esperando assim compensar de alguma maneira a própria autoestima ferida. Estes homens podem até competir economicamente com outros e assimilar a derrota de maneira mais ou menos estoica: "São ossos do ofício", mas sentir-se economicamente inferior a uma mulher é francamente degradante, inadmissível e vergonhoso.

A liberação masculina do peso do poder não significa despreocupação com o suporte material e com a responsabilidade assumida diante da família: precisamos comer, vestir, obter satisfação. O que se critica é o sentido que a cultura, isto é, homens e mulheres, outorga aos privilégios mencionados. Os indicadores econômicos pessoais, e o poder que deles emana, não agregam em nada ao nosso ser. Nós, homens produtivos, não importa a classe social, tornamos a autoafirmação dependente das conquistas materiais e, ao aceitar esse jogo, perdemos a dignidade natural de nosso gênero e a possibilidade de nos aproximarmos de uma vida mais pacífica. Não se prostitui tanto o que dá quanto o que recebe? Há muitas coisas que não podemos comprar. Alugar, sim, mas não comprar. As falências são o mais infalível método de separar os melhores amigos dos autênticos inimigos.

Se o valor pessoal começa a depender da declaração de renda, será muito difícil que nos amem pelo que somos, e a visão da vida ficará cada vez mais estreita e superficial. E, homem, ainda que neste preciso instante a sua masculinidade proteste e minha alegação pareça pouco realista, não há dúvidas: você vale pelo que é, e não pelo que tem.

Você pode tudo

É o mesmo que dizer: "Mate-se tentando" ou "Você não tem direito de errar". Nós, homens, devemos aprender a ser mais humildes e a nos desprender dessa estúpida autossuficiência que nos caracteriza há séculos. Dizer: "Não sei" ou "Não consigo" é um ato libertador. É um descanso para a alma e para a mente. O protótipo do homem sabe-tudo, diligente e solucionador de problemas leva implícita a crença de que o sexo masculino deve assumir tudo e proporcionar segurança e proteção em toda parte. Às vezes, sem dúvida gostamos de exercer o papel de salvadores, mas não sempre. A nova masculinidade quer desfrutar do privilégio de pedir ajuda sem corar e de reconhecer os próprios erros com honestidade. Não queremos ser os melhores, mas sim viver em paz, aprendendo e usufruindo da arte de saber perder.

Certa vez me tocou confrontar o pai de um paciente adolescente. O rapaz realmente não sabia que carreira seguir. Era um jovem sensível e inteligente, mais inclinado para a área de humanas do que para outras profissões. No entanto, como se sabe, para qualquer homem a escolha da carreira não costuma ser determinada pelos talentos naturais, mas pelas possibilidades econômicas. Para uma maioria significativa, é preferível que o filho seja um engenheiro medíocre do que um gênio da poesia. Neste caso específico, o pai aceitava algumas profissões e mostrava uma posição aparentemente aberta. O jovem, no entanto, não queria magoar o pai e tentava encontrar soluções intermediárias. Havia descartado a música, sua verdadeira vocação, e a antropologia. A nova decisão estava entre desenho industrial e psicologia, algo que não agradava muito ao pai, sobretudo a segunda opção. Quando conversei com o pai, entendi a pressão que enfrentava o jovem paciente. O pai, um homem alto, vestido de maneira impecável, de um andar, um falar e um pensar verdadeiramente "bem-sucedido", resumiu assim a própria posição:

"Eu não exijo muito. Ele pode escolher o que realmente lhe agrada, mas com duas condições: que seja algo rentável e que ele esteja entre os melhores. Ao menos entre os cinco primeiros. Se conseguir isso, não lhe faltará nada na vida. Não pretendo influenciá-lo, mas o importante é produzir. De que serve a profissão se você não pode viver dela? Por acaso se pode pedir menos? O mundo é dos vencedores e quero que meu filho seja um deles."

Quando respondi que alguns desses vencedores perdiam a alegria de viver, ele não gostou muito. Depois desta consulta, o rapaz não voltou mais. Alguns anos depois, em um concerto inaugural da Orquestra Filarmônica, qual não foi minha surpresa ao ver o meu paciente, já não tão jovem, interpretando um solo para violino diante de um auditório extasiado. Considerando o salário de um músico em nosso meio e a escassa proteção social de que goza, me pareceu natural que o pai não estivesse presente entre os espectadores.

Ter aptidão organizadora, liderança e dom para mandar é virtude de alguns, e não uma obrigação masculina contraída no nascimento. Muitos homens são desajeitados, incapazes de exercer um papel diretivo e pouco eficientes na hora de tomar decisões, mas têm outros encantos. Ser eficiente é bom e recomendável, mas não estabelecer margens é perigoso. O esquema de "limites insuficientes" cria no homem a *incapacidade de ser incapaz* e a *obrigação de assumir as coisas e sair-se bem nisso.* O ideal varonil de um faz-tudo ambulante, com uniforme próprio e caixa de ferramentas aerodinâmicas, não é para todos os homens. Muitos de nós não sabemos trocar uma lâmpada, não entendemos de mecânica, não temos furadeira elétrica e, o que parece ser mais grave, não sabemos como usá-la (por sorte, contamos com a desinteressada ajuda das páginas amarelas do guia telefônico). Não estou defendendo a preguiça e o abandono, mas o direito a ser inútil. A exercer sem medo a opção de duvidar e de não saber o que fazer, sem que importe demais a avaliação social, e sem autopunições por isso.

Aceitar as próprias limitações é o maior de todos os descansos. O "eu ideal" deixa de andar pela estratosfera e começa a se aproximar honrosamente do "eu real". A verdadeira humildade deriva da própria aceitação, sem disfarces desajustados ou máscaras grotescas. Psicologicamente descoberto, com o bem e o mal à flor da pele. Não importa que nossos erros sejam notados, eles nos humanizam. Não importa que devamos reconhecer publicamente nossa ignorância, ela nos purifica. Se fôssemos infalíveis, perderíamos o prazer da aprendizagem e a fascinação da descoberta. O slogan do homem que é bom perdedor é simples e reconfortante: "Alegre-se, felizmente você não sabe tudo e, ainda melhor, não pode tudo".

O DIREITO DE SER FRACO

O paradigma da força masculina agiu em dois sentidos, ambos negativos para o homem. De um lado, bloqueou de maneira rigorosa sua natural fraqueza humana. Por outro, promoveu (reforçou) uma série de costumes claramente exibicionistas em favor do suposto vigor masculino. Tanto no primeiro caso (repressão das emoções primitivas) quanto no segundo (dependência da aprovação social), as consequências são castrantes.

O direito de ser fraco refere-se à capacidade de aceitar, sem remorso algum, qualquer manifestação de enfraquecimento, obviamente não patológica. O direito de sentir medo, de fracassar, de cometer erros, de não saber o que fazer, de não fazer nada e de pedir ajuda não nos afasta da masculinidade, ao contrário, nos aproxima do lado humano dela. Esse lado tão especial no qual repousa o andrógino pessoal e que foi cruelmente descartado pelo típico homem fortão e rude. Quando mutilamos o direito à fragilidade, automaticamente supergeneralizamos o ideal de valentia e deixamos de reconhecer que, em muitas situações, a fraqueza precisa aflorar. A nova masculinidade não desvaloriza a coragem; reconhece-a, mas não é obcecada por ela.

Exercer o direito de ser fraco não é ir para o outro lado e proclamar a fraqueza como uma virtude recomendável. Resgatar o delicado não significa "travestir" a virilidade nem exaltar o homem maricas, inseguro e passivo, envergonhado do próprio sexo e desnaturalizado, tentando imitar os valores femininos. A segurança em si, a capacidade de se opor à exploração pessoal, a persistência para alcançar as metas e o espírito de luta são valores desejáveis para qualquer pessoa, homem ou mulher. O que se está criticando é o *medo irracional de ser fraco* e o estúpido costume de precisar exibir poderio durante as 24 horas do dia para "render" e para ser amado.

A revolução masculina não defende o homem híbrido que se oculta atrás de uma aparente superação pessoal, que não é "nem uma coisa nem outra" e que corre apavorado diante do mínimo sinal de perigo. Os "filhinhos da mamãe", que evitam dificuldades sempre que elas se apresentam, não são a aspiração da nova ordem masculina. E não me refiro ao homossexual, mas a essa estranha mistura da qual resultaram os Michael Jacksons deste século. O homem tem uma força particular que lhe outorga seu próprio gênero, algo do qual não pode nem deve fugir. Essa diferenciação, no entanto, não sugere a ausência de dor ou o desconhecimento das restrições que, evidentemente, temos. Há uma fraqueza sedutora e terna que não é raquitismo nem doença, mas a expressão da pequena mulher que levamos dentro de nós. E ao dizer "pequena" não faço menção ao sentido pejorativo do termo, mas ao quanto de feminilidade deve ter um homem para não deixar de ser macho.

SEGUNDA PARTE

OS HOMENS SABEM E SÃO CAPAZES DE AMAR?

Sobre o mito da insensibilidade masculina e a suposta incapacidade de amar dos homens

Verdade seja dita: a arte de amar não é uma das virtudes que o homem venha conseguindo exercer tranquilamente. A vida afetiva masculina transcorre em uma espécie de zona endêmica, bastante complicada e muito pouco propícia para que o amor possa crescer em liberdade. Nós, homens, adoramos amar, mas às vezes nos enredamos em um emaranhado e perdemos o rumo. Na verdade, para ser mais franco e parafraseando o jargão hippie, nos preocupamos mais com fazer a guerra do que fazer (construir) o amor. Quando nós, jovens dos anos 60, nos enfeitávamos com margaridas, protestávamos contra a Guerra do Vietnã, recitávamos as quatro teses de Mao Tse-Tung e subvertíamos a ordem estabelecida, também tentávamos resgatar o velho amor perdido pela humanidade. Infelizmente, não fomos capazes ou nos faltou tempo. Deixamos pegadas, como as marcas de um sarampo: algo de coceira, um pouco de vermelhidão, mas nada mais; não alcançamos o cume.

Nessa época, nós, homens, nos permitíamos certos deslizes simpáticos em relação à costumeira virilidade, aceitos e quase sempre patrocinados por nossas liberadas companheiras, mas seriamente questionados pela severa e sisuda paternidade. Lembro de quando minhas irmãs me alisavam o cabelo – com o papel e o ferro em mãos. Meu pai me olhava em silêncio, como se dissesse: “Este não pode ser meu filho”. Por outro lado, para minha mãe aquilo tudo sempre parecia normal, ela me tirava algum cabelinho solto dos ombros e se despedia de mim com um gesto suave de: “Vá com Deus”.

Camisas floridas, calças boca de sino, sapatos com saltinho ou tamancos, predileção pelas flores, pelo entardecer, por poesias, Cortázar, Hermann Hesse, o Maharishi da vez, Krishnamurti e os Beatles, eram todos elementos que compunham a parafernália masculina da época. Também odiávamos o xampu e o sabonete, fazíamos tranças e compartilhávamos amável e comunitariamente a namorada da vez (elas faziam o mesmo conosco). Havia um toque afetivo, um clima de relaxamento, uma ambientação psicodélica na qual a ternura não ficava excluída e convivia de maneira alegre e entretida com o gênero masculino. Já cheguei a pensar que, em todo esse "processo revolucionário", nós buscávamos um tipo de liberação pessoal que transcendia o ideológico. Havia uma proposta afetiva de fundo, sob a qual nos alimentávamos em silêncio e da qual desfrutávamos de coração aberto. Esse tempo definitivamente ficou para trás, mas uma certa nostalgia costuma aparecer de vez em quando, uma reminiscência emotiva difícil de enterrar nos fala, em voz baixa, do que poderia ter sido e não foi.

Se realmente queremos viver a plenitude da experiência afetiva, o que nos impede de fazê-lo? O que nos falta e o que nos sobra? Por que não nos atrevemos a amar quaisquer pessoas que nos cruzem o caminho? Quando falo de "zona endêmica", refiro-me a um conjunto de condições, basicamente psicossociais, que dificultam o intercâmbio afetivo do homem. Embora alguns povos tribais fujam a essa afirmação, a evidência psicológica mostra que a grande maioria dos homens civilizados está imersa em uma quantidade de dilemas impeditivos que as mulheres não têm. Muitas vezes, não só não sabemos o que fazer com o amor – é como se ele queimasse – como não encontramos a maneira de entrar nele sem tanta carga negativa. Para podermos amar em paz devemos aprender novas formas de relação, mas sem desaprender as outras. Modificar velhos costumes e destruir aquelas barreiras que não nos deixam exercer comodamente o direito ao amor. Não estou dizendo que somos incapazes de amar, mas que a troca afetiva masculina está cheia de interferências. É preciso limpar esses canais de comunicação, e compete somente ao homem fazer isso.

Assinalo em seguida três conflitos afetivos que vêm caracterizando a vida amorosa masculina e que na grande maioria dos homens ainda estão por serem resolvidos: a) o desequilíbrio interior entre sentimentos positivos e negativos, que nos impede de ter livre acesso à ternura; b) a oposição afetiva que mantemos com o sexo oposto, que nos impede de nos identificarmos com o masculino e de nos aproximarmos do feminino; c) a dificuldade de nos entregarmos a nossos filhos a partir do lado maternal que temos.

O CONFLITO EMOCIONAL PRIMITIVO

Sobre a batalha afetiva interior do macho e a falsa incompatibilidade entre agressão e ternura

Prevalece entre nós, homens, uma antiguíssima dicotomia emocional, mal traçada e aparentemente sem solução, que nos rouba força interior e nos confunde. Desde a mais tenra idade, nos vemos obrigados a *ampliar a oposição agressiva-destrutiva e a suprimir a aproximação carinhosa-construtiva.* Um duplo esforço extenuante e totalmente antinatural. Muitas vezes não queremos guerrear, mas lutamos, e em muitas outras queremos chorar, mas nos seguramos. É como se tivéssemos os cabos invertidos: em vez de controlar os níveis de violência e liberar os sentimentos positivos, freamos a expressão de afeto e soltamos perigosamente as garras da agressão. Vejamos este curto-circuito com mais detalhes.

1. O guerreiro interior e o culto à violência: a exaltação dos sentimentos negativos

A agressão física e verbal, isto é, o desrespeito, ou ainda, a violação dos direitos dos demais, é exatamente o oposto da experiência amorosa. *Se há violência, não há amor.* Podem haver formas distorcidas de prazer que se entrelaçam e se confundem com o sentimento positivo – como é o caso do sadismo e do masoquismo –, mas isto não é amor. A agressão, em qualquer uma de suas formas, atenta contra a expressão de afeto e é altamente contaminante. Os dados são irrefutáveis: a maioria dos meninos maltratados durante a infância passa a maltratar quando adultos, e não me refiro apenas à violência contra a mulher, mas à agressão contra homens, que é muito mais frequente. Essa tendência maior do homem à agressão e a outras manifestações de dominação, em comparação com as mulheres, deve-se tanto a fatores biológico-evolutivos quanto socioculturais. Quando a herança da espécie se vê reforçada pelos mitos sociais, o resultado costuma ser um homem das cavernas vestido de smoking.

O velho combatente

No caso da biologia, parece muito bem estabelecido que nós, homens, temos um pacote hormonal que nos predispõe a estar sempre prontos para o ataque. Parece que a violência está em nós. Ao extrair os testículos de um passarinho como o pardal (nele, as glândulas pesam um miligrama e têm um milímetro de diâmetro), o bichinho ficará submisso, permissivo e apático em relação ao sexo. Já não será capaz de lutar pela própria sobrevivência e seus dias estarão contados. Se, por outro lado, injetarem nele uma certa quantidade de esteroides, especialmente testosterona, o pássaro despertará de sua letargia e terá novamente os comportamentos que definem um macho. Nascerá novamente uma motivação incontrolável para o sexo, a agressão, a dominação e a territorialidade. O mesmo ocorre em quase todos os animais, inclusive nos homens. Nas palavras do cientista e astrônomo Carl Sagan: "Quanto mais testosterona tem um animal, mais longe está disposto a chegar para desafiar e dominar possíveis rivais".

A testosterona parece explicar também por que no mundo animal os códigos sexuais se parecem tanto com os agressivos. "Te amo" pode significar "Vou matar você" ou vice-versa, e a leitura errada destes simbolismos pode ser mortal. É possível que isso explique por que a taxa de rejeição dos chimpanzés machos por parte das fêmeas é de apenas 3% – extremamente bem-sucedida e muito invejável para qualquer humano.

Embora também tenhamos hormônios femininos, a testosterona é definitiva para estabelecer a masculinidade. A ausência deste hormônio pode feminilizar os genitais de um embrião masculino ou, em quantidade elevada, masculinizar a genitália feminina. O que é mais chocante, entretanto, é que a testosterona é um hormônio prazeroso para o macho. Diversas pesquisas atestam que os animais aprendem mais facilmente tarefas de complexidades diversas se o prêmio é medir forças com outro macho, como se dissessem: "Nada é mais estimulante do que um bom combate". Os estudos de psicologia social sobre os confrontos entre gangues de rua e grupos marginais mostram que em determinadas subculturas urbanas a "luta pela luta" pode ser especialmente gratificante e criar tanto apelo de consumo quanto qualquer droga. Os rebeldes sem causa, tipo James Dean, existem desde sempre.

Aparentemente, um bom coquetel de andrógenos e testosterona define duas das mais fortes necessidades masculinas: sexo e agressão. O problema real aparece quando deixamos que o instinto transborde: nestes casos estamos diante de uma doença psicológica de controle de impulsos. Um de meus pacientes, um violento crônico, relatava assim seu estado de ira incontrolável:

"Quando me enfureço, é como se minha vida dependesse disso, não consigo parar. Quanto mais bato e mais a pessoa grita, mais forte eu bato. Nesses momentos não sou eu. É como se houvesse outra personalidade em mim. Como um círculo vicioso do qual não consigo sair. E quando me dou conta, meu Deus, não posso acreditar no que fiz. Mas aí já é tarde."

Um círculo vicioso mortal e uma culpa tardia. A desorientação é evidente: com a selvageria necessária para entrar na pior das batalhas, mas sem batalha e diante de um oponente indefeso.

No mundo feminino, a coisa costuma ser mais pacífica. Embora elas também tenham testosterona, a quantidade de estrogênio (responsável por limitar a agressividade) e de progesterona (o hormônio que assegura o cuidado e a proteção das crias) é muito maior nas mulheres. É bom salientar que essas diferenças hormonais, ainda que distintivas, podem inverter-se caso a situação assim exija. Nunca concordei com o estereótipo de que as mulheres não sabem dirigir, porque muitas o fazem melhor do que qualquer um de nós. Mas devo reconhecer que ocorre uma estranha transformação em certas motoristas que circulam por vias congestionadas. Não sei se a testosterona aumenta nelas ou se aproveitam a situação para fugir da opressão machista, mas algo se passa com elas e quanto maior é o carro, pior. Não me refiro somente aos dissimulados e quase imperceptíveis gestos insultantes dos quais fui vítima em mais de uma ocasião, mas da marcada intolerância, das provocações ameaçadoras e da pouca cortesia que acompanha o trajeto (por exemplo, dar passagem a outro carro). Em determinadas circunstâncias, as mulheres mais femininas podem ser ferozes como o mais bárbaro dos vikings. E mais: eu diria que, em situações-limite, quando a vida de seres queridos ou mesmo a própria está em perigo (imaginemos uma mãe defendendo os filhos pequenos), a diferenciação sexual se reduz a praticamente zero. Nesses casos, não somos nem de Marte nem de Vênus, mas terráqueos enfurecidos.

Dentro do tema das pulsões agressivas não aprendidas, alguns autores chegaram a considerar que a origem da guerra deve-se a uma inata tendência masculina ao assassinato. É como se um brutal instinto criminoso empurrasse os homens a se matarem. Nada mais absurdo. Os dados antropológicos não parecem apoiar a ideia de que a guerra necessariamente faz parte da natureza humana do macho. Alguns povos primitivos, como os habitantes das ilhas Andaman, perto da Índia, os shoshoni, da Califórnia e de Nevada, os yahgan, da Patagônia, os índios mission, da Califórnia, os semai, da Malásia, e os tasaday, das Filipinas, jamais fizeram e nem conhecem a guerra. Ainda que nos custe acreditar, esses povos nunca praticaram o homicídio intergrupal organizado. Em outros casos, grupos altamente belicosos, como os índios pueblo, do sudoeste dos Estados Unidos, ao cabo de uma ou duas gerações, sem que tenham podido mediar mudanças genéticas, desenvolveram sólidos padrões de cooperativismo e pacifismo, totalmente oposto ao que eram antes. Se a natureza humana masculina fosse portadora de um germe belicoso e destrutivo, o assassinato deveria ser universalmente aceito e, tal como demonstra a antropologia e a psicologia transcultural, a coisa parece não ser bem assim. Não obstante, dentro do tema das batalhas, as pesquisas mostraram uma clara diferença entre homens e mulheres. Quando a sociedade está dominada por homens e sem participação feminina de nenhum tipo, as guerras podem tranquilamente envolver pessoas da mesma etnia, parentes ou vizinhos: *ninguém se salva*. Entretanto, em sociedades nas quais a supremacia não é totalmente masculina e as mulheres têm mais ingerência em todos os níveis (matrilineares), a guerra nunca envolve pessoas do mesmo grupo racial e linguístico: *as mulheres cuidam mais dos seus.*

O combatente social

No que se refere às causas sociais, a coisa é mais complexa. Apesar de a testosterona seguir circulando por nossas veias, e de às vezes gostarmos de um enfrentamento com algum desconhecido que nos olhou torto, no sujeito humano aparecem outros atributos (valores e princípios) que modulam as velhas e aparentemente irrefreáveis tendências arcaicas. O altruísmo, a amizade, o respeito, a cooperação e o sacrifício consciente pelos ideais podem opor-se, e de fato o fazem, à agressão cega e indiscriminada. Que não as promovamos e não as usemos é outra coisa, mas o recurso existe e está disponível. A biologia só consegue explicar uma parte de nosso comportamento, mas não o justifica. A justificação humana necessita de fundamentação ética e/ou moral, isto é, humanização. Tal como dizia Carl Jung: "Deixar sair o guerreiro interior, para transcendê-lo". Se a ausência de ambição pode reduzir a guerra e se o respeito permite criar as condições indispensáveis para que a agressão seja minimizada, o que nos impede de mudar? Por que não podemos superar o mercenário?

A resposta é simples. A cultura patriarcal glorifica e promove uma imagem distorcida do homem: "Se não lhe dão, tome à força". A educação social não visa a transcender o guerreiro, mas a exaltá-lo e a mantê-lo em estado primitivo. Independentemente da idade, a maioria dos afazeres cotidianos do macho giram ao redor de enfrentamentos altamente competitivos e/ou destrutivos. Se analisarmos com detalhe o conteúdo de certos filmes, os jogos de videogame, as roupas masculinas, alguns esportes exclusivos para homens, os brinquedos e os desenhos animados ou os quadrinhos, veremos que a apologia à violência masculina está em pleno auge. É uma forma de manter vivo o espírito depredador que supostamente existe em cada menino. Ainda retumbam os sons dos tambores.

Embora o valor da violência masculina se infiltre de muitas maneiras na mente de um menino, a tentativa e o erro, isto é, a aprendizagem que surge da prática direta e da experiência de crescer no difícil mundo masculino é o mais determinante. Me refiro à escola das ruas. Muitos de nós esquecemos aqueles anos da infância em que tínhamos de sobreviver a um confronto intermasculino francamente ameaçador. Não importa se era feroz, cruel ou sutil: estava lá. Seja na classe alta, média ou baixa, seja na guerra campal ou na Guerra Fria, se não tivéssemos capacidade de contra-ataque estávamos psicologicamente liquidados. Um bom exemplo eram os pátios na hora do recreio. Estes locais representavam o cenário onde se exerciam muitos dos futuros papéis do homem comum. Eram o aperitivo do que possivelmente ocorreria um dia afora: o treinamento.

Como um bom filho de imigrantes de classe média, fiz todo o ensino básico na escola pública do bairro. Todos nos conhecíamos e fazíamos parte da mesma "turma", por assim dizer. Minhas recordações daquela época são alegres e felizes, mas também estão ancoradas em um mundinho de atividades marciais e contendas: nos dedicávamos a pequenos golpes, alianças estratégicas, socos, chutes, a agradar ao mais forte, explorar os menores, enganar os professores, correr mais rápido, saltar mais alto, fugir da escola sem ser visto, mijar mais longe do que os outros, dizer grosserias, atirar giz, marcar mais gols, a não ser reserva no time de futebol, a tirar o primeiro lugar, a agradar ao diretor, enfim, era uma competição no mais alto grau. Recordo que havia um gordo gigante chamado Linares, do qual eu morria de medo porque havia decidido transformar a minha vida em um inferno. Seu método de aniquilação era consistente e sistemático, mas com variações. Uma delas consistia em sentar-se atrás de mim e me dar petelecos nas orelhas. Além de os dedos dele parecerem morcelas amareladas (a memória é assim mesmo), os três ou quatro graus abaixo de zero da temperatura invernal ajudavam a dor a congelar e a durar o dia inteiro. A outra variante era mais selvagem e direta e, por alguma razão que nunca consegui compreender, também estava direcionada às minhas pobres orelhas. De repente, sem motivo algum, ele se lançava sobre mim, me levantava como se eu fosse um saco de lixo, me levava para trás de uns arbustos e me colocava de cabeça para baixo no chão. Depois montava a cavalo nas minhas costas, me agarrava com força os lóbulos das orelhas e puxava-os sem piedade para fora, até produzir um corte debaixo de cada uma delas. Quando terminava sua desalmada tarefa saía correndo, morrendo de rir, junto com um magrinho encurvado a quem chamávamos "Quero", porque parecia um quero-quero. Nesses instantes de tortura e humilhação, o pátio estava cheio de pequenos enfrentamentos similares, embora mais sutis e dissimulados, para evitar sanções. Cada subgrupo estava envolvido em sua própria contenda. Alguns gritavam, outros corriam atrás de outros, um grupo saldava dívidas e o gordo estava em cima de mim. Tudo parecia tão normal como *Apocalipse Now*. Essa história se repetia tantas vezes que ninguém mais prestava atenção. Os professores pareciam viver em outra dimensão (sobretudo quando nos falavam da "importância do respeito" nas aulas de religião) e, se algum maltratado se queixava, a resposta era tipicamente masculina: "Você precisa aprender a se defender". Minha mãe vivia intrigada com as tais feridas debaixo das minhas orelhas, mas jamais chegou a suspeitar que o filho era vítima de tal monstro; além disso, meu orgulho varonil me impedia de contar o que estava ocorrendo. Ao final, todas as minhas estratégias de sobrevivência eram infrutíferas, eu estava preso e desamparado. Por sorte – e para minha autoestima –, a história teve um final feliz. Um dia, possivelmente por conta da bendita alma da minha avó, um menino novo chegou ao bairro e, portanto, ao colégio. Chamava-se Pelozato, era um camponês rude, alto e forte, de pele curtida e com mãos que pareciam alicates. Ele havia se mudado para duas casas depois da minha e, após fazê-lo saborear as incríveis pizzas feitas pela minha mãe, consegui conquistar a amizade e, especialmente, o paladar dele. Recordo que em um recreio qualquer o gordo, como de costume, se lançou contra minha pobre humanidade com uma careta de prazer ofegante e o peso de um tanque Sherman em câmera lenta. Mas, desta vez, as coisas foram diferentes. Meu novo amigo simplesmente estendeu um de seus poderosos braços e o obeso agressor caiu de bunda no chão, com um estúpido gesto de surpresa e a divisória do nariz partida em dois. O milagre estava feito. São Pelozato comeu pizzas por muitos anos mais. Ele fez por merecer.

Se mudássemos um pouco a cenografia e alguns nomes do relato anterior, não haveria muita diferença daqueles filmes de presidiários dos anos 70, como *Fuga de Alcatraz*. Na anedota relatada está condensada grande parte da luta humana pela preservação da própria vida, com suas maldades e bondades. O sadismo cruel, a honra, o ódio, a cumplicidade, a submissão, o oportunismo, a agressão, o terror, o interesse, o altruísmo e a amizade, tudo formava parte de um sistema educativo ignorante e cúmplice. Nesse contexto, a agressão garantia a sobrevivência, era definitivamente adaptativa e impossível de eliminar. Não tínhamos outra opção. Ainda que a educação tenha mudado, a estrutura básica de muitos sociodramas escolares se mantém. É possível que, em centros educacionais modernos, os antagonismos adquiram um caráter mais psicológico, menos épico e mais civilizado, mas o tema da violência competitiva segue presente. Nós, homens, sempre nos esforçamos muito mais para mostrar o lado agressivo de nossa masculinidade do que fazem as mulheres para mostrar a face terna de sua feminilidade. De maneira inexplicável, acreditamos que a rudeza nos reafirma, mas ela nos destrói.

Como disse anteriormente, a nova masculinidade não deseja matar o guerreiro, mas aprender a usá-lo. A ira é uma emoção indispensável para autoafirmar os próprios direitos e superar obstáculos, mas quando mal utilizada pode ser uma faca de dois gumes. Quando a ira está bem processada, renova-se em assertividade, isto é, na expressão adequada de sentimentos negativos sem violar os direitos alheios: dizer "não", expressar o desacordo, dar uma opinião contrária, defender direitos, expressar raiva e tudo mais. A ideia não é castrar o homem e convertê-lo em um eunuco despido de toda graça masculina, submisso e manipulável. Tampouco trata-se de transformá-lo em um chimpanzé "inteligente", armado até os dentes, treinando tiro ao alvo: a chave está em aprender a discernir quando se justifica e quando não expressar a emoção primitiva da ira e dar lugar à consciência, à auto-observação e aos próprios valores. Quando a ira age a serviço dos princípios, estamos humanizando o guerreiro. O estilo de vida hostil, exigente e arrogante instaurado pela típica sociedade patriarcal desvirtuou a luta natural pela sobrevivência e decretou o abuso de poder como um forte valor masculino. A consequência desse atropelo foi a inibição violenta de toda expressão emocional positiva.

Mais além de toda transmutação possível e de qualquer tentativa que permita revalorizar a arte de guerrear, muitos de nós estamos cansados de lutar por lutar, apenas para podermos nos sentir como verdadeiros homens. Para muitos, a lenda do indomável os deixa fartos e saturados. Já é hora de tirarmos essa pesada e limitante armadura e de colocarmos o organismo para descansar de tanta testosterona. Quando diminuirmos os níveis de agressão, entenderemos que levamos mais tempo para fazer inimigos do que amigos. Embora muitos homens briguentos sintam-se feridos na própria masculinidade, não há alternativa: para viver em paz, é preciso baixar a guarda.

2. O controle emocional e a repressão dos sentimentos positivos

A ideia de que o macho não tem sentimentos é insustentável e absurda. A cultura já tenta há séculos eliminar os sentimentos positivos nos homens, mas ainda não conseguiu. Além do mais, tal como mostra a história, a sensibilidade masculina tem feito das suas. Para surpresa de muitos e muitas, o homem deixou as marcas do próprio sentir em diversos campos da criatividade humana (espiritualidade, arte, ciência). Não nego a possibilidade de que o controle econômico e político masculino tenha permitido que os homens se sobressaíssem mais do que as mulheres nestas áreas, apenas estou afirmando que a capacidade de experimentar afeto e de se emocionar está presente no sexo masculino. A ostentação de poder não é suficiente *per se* para que ocorra o fenômeno criativo: é preciso alguém que vibre, e nós, homens, podemos fazer isso.

O problema do macho não é a atrofia sentimental, mas o medo de desafogar, de forma não seletiva, todo o potencial afetivo com que conta. É como se, ao sentir-se transbordando de emoção, ficasse mais vulnerável e, portanto, mais facilmente atacável. Dois esquemas mal adaptativos barram a comunicação afetiva masculina: "Se expressar livremente todos os meus sentimentos, vou parecer fraco e feminino e serei rejeitado", e "Se deixar de lado minhas defesas racionais ficarei à mercê dos outros e vão se aproveitar de mim". Medo e desconfiança em altos graus.

Na realidade, embora a segunda crença careça de fundamento (as pessoas não são tão más assim), o primeiro pensamento tem algo de verdade. Ao contrário do que se pensa, a literatura científica e a experiência clínica estão cheias de casos em que os homens não gostam muito quando deixam aflorar demais a própria reserva afetiva. Chovem críticas por todos os lados: os homens duvidam de sua virilidade e as mulheres questionam sua masculinidade. Em geral, os estudos sobre percepção social da conduta afetiva masculina mostram que há um risco real de rejeição. Suspeitamos demais dos excessos afetivos masculinos. Enquanto o macho permanecer dentro de certos limites, a ternura será tolerada por outros homens e será quase um afrodisíaco para as mulheres. Mas se a linha divisória for ultrapassada, a coisa se confunde. Vejamos dois exemplos.

Ainda que pareça estranhíssimo, nem todas as mulheres são fascinadas por homens ternos e carinhosos. As consultas motivadas por maridos suaves demais são mais comuns do que se supõe. Uma paciente, não muito contente com o estilo afetivo do próprio marido, me dizia:

"Desde que me respeite, não me importo que se imponha de vez em quando. Um pouco de rudeza não é mau, me faz lembrar que estou com um homem. Quando ele fica meloso demais e diz sim para tudo, o enxergo como um bobo, me dá vontade de sacudi-lo."

Ela havia conseguido que o marido fizesse terapia comportamental para se tornar "mais forte e mais mandão". Com o tempo, o indeciso senhor conseguiu, mais ou menos, assumir o papel de duro, gritar de vez em quando, reclamar da comida e bater algumas portas, obviamente sem ter vontade de fazer tudo isso. Também começou a chegar tarde em casa e a ficar indiferente com a mulher. Já não se despedia com um beijo amoroso, mas com um tchau seco, da porta mesmo. Se ela não cedia aos desejos sexuais do marido, já não demonstrava a compreensão que o havia caracterizado, ao contrário, a resposta era definitivamente mais primitiva, selvagem e vulgar:

– Nesta casa se faz amor com ou sem você, decida!

Ele também deixou de ter olhos somente para ela e aprendeu a deslizar maliciosamente o olhar por outros corpos. Enfim, o marido de minha paciente decidiu mudar seu estilo natural e jogar o jogo do macho durão, tudo para salvar o casamento e ser aceito pela mulher. Quando o homem foi considerado "nos trinques" e recebeu alta junto com seu novíssimo repertório viril, minha paciente mostrou-se efusivamente satisfeita:

– Isso sim parece um marido de verdade.

Não resisti à tentação de perguntar a ela:

– Você não tem medo de que ele acabe gostando do papel e se transforme em um machista ferrenho que se aproveita de você?

Ela não titubeou ao responder:

– Tranquilo, doutor, uma vez molenga, sempre molenga. Caso ele se exceda, eu enquadro ele. Ou o senhor me ajuda.

Ela não estava interessada demais em uma mudança real e radical na relação de casal. Queria apenas as vantagens aparentes de um homem forte, sem perder as vantagens de um macho dominado. Uma fantasia especial e muito personalizada. O mais paradoxal é que muitas mulheres dariam qualquer coisa para mudar seus maridos distantes por outros mais doces, expressivos e amorosos. É como se diz: "Deus dá nozes a quem não tem dentes".

Mas a rejeição ao homem sensível não se dá apenas no âmbito da relação matrimonial. Por vezes, o tropeço é público e as consequências, funestas. Há alguns anos, ainda iniciando na profissão, fui ao cinema com um grupo de amigos para assistir ao filme *O Campeão*, que relatava uma bela e triste história da relação entre um pai viúvo, boxeador, e seu filho pequeno. Cada um de nós estava acompanhado de uma amiga. A minha me encantava e, embora a relação fosse recente, existia uma evidente atração mútua da qual eu esperava me beneficiar. Ao apagarem-se as luzes, não perdi tempo: coloquei o braço em volta dela e entrelaçamos as mãos. Tudo ia às mil maravilhas até que fui capturado pelo enredo. O roteiro cinematográfico era de tal intensidade dramática – tudo indicava que o pai morreria, deixando órfão um menino bonito, simpático e sardento – que em pouco tempo mais da metade da sala estava com um lenço em punho. Uma situação como essa, mais confortável e de acordo com o papel social feminino, pode se transformar em um pesadelo para um homem sensível (chorão). A tortura costuma começar quando vem de dentro uma sensação de "nó na garganta", seguida pelo impulso natural de lacrimejar – algo saudável e aconselhável –, e uma força em sentido contrário infrutiferamente tenta apaziguar cinco milhões de anos de evolução. Os diques de contenção são reforçados, tenta-se engolir aquilo tudo, a mente pensa em outras coisas e vêm os risinhos bobos. Enquanto isso, um clima de incômodo e insegurança começa a ameaçar o status de uma alegada masculinidade vacilante. Esta luta interna, como manda o figurino, deve ser vencida pelo autocontrole masculino. Infelizmente, nesse dia – como costumava ocorrer com certa frequência – meus controles internos falharam. Passados alguns minutos, os mecanismos de defesa sucumbiram à potência avassaladora de um pranto quase inconsolável, isto é, um choro desses impossíveis de ocultar.

A despeito de todos os argumentos contra a repressão emocional e em prol do direito a soluçar de tanto chorar, a realidade é que um jovem universitário debulhando-se em pranto num lenço emprestado, durante o filme *O Campeão*, num domingo, às cinco da tarde, não costuma ser visto como um bom partido nem mesmo pelas feministas mais avançadas. Ao fim do filme, junto com minha masculinidade seriamente questionada pela audiência mais próxima e uma certa dificuldade para respirar, formaram-se duas filas. Em uma iam os homens com a óbvia alegria produzida pelo fim do suplício, tratando de dobrar a própria emoção, socando e empurrando uns aos outros, rindo do filme ou simplesmente falando de qualquer coisa. Na outra, iam as mulheres, com os olhos inchados, sendo consoladas pelos namorados, tentando voltar ao normal, deixar o coma. E bem mais atrás... eu. Adeus, conquista.

Adotar o discurso afetivo nem sempre produz as contingências psicológicas e sociais positivas esperadas. Por isso, os homens dependentes da aprovação dos demais não estão dispostos a pagar o preço: "Reprimir meus sentimentos tem suas vantagens". Não estou eximindo o homem da responsabilidade, nem buscando culpados pela inibição emocional masculina – em última instância, é o homem quem deve reestruturar a própria vida afetiva. Só estou mostrando algo evidente: *grande parte da sociedade masculina e feminina ainda não está preparada para ver um homem afetivamente liberado*. Muitos homens sabem disso, e por isso se negam a mudar.

Nos homens, o temor de expressar os próprios sentimentos positivos pode ser totalmente irreversível. Lembro-me de um senhor de uns 45 anos, muito interessado no próprio desenvolvimento psicológico e espiritual, que foi incapaz de dizer "eu te amo" para os pais. Quando tentava, no preciso momento de expressar a frase, sentia um tremor nas pernas e uma espécie de espasmo que impedia a comunicação. Os olhos se enchiam de lágrimas, mas a verbalização era totalmente bloqueada. Muitos de meus pacientes homens melhorariam claramente suas relações de casal e com os demais se conseguissem comunicar-se e dar retroalimentação positiva: "Você está muito bonita hoje", "Gosto de você", "Te admiro", "Te parabenizo", "Você é uma grande pessoa (um grande amigo ou um grande colaborador)", "Aprecio você", "Preciso de você". O famoso e tão ansiado "Te adoro", ou a sequência, "Te amo", brilham pela própria ausência. A desculpa masculina é sempre a mesma: "Não combina comigo", "Me sinto ridículo", "É como se eu estivesse numa novela", "Na verdade, nunca me ensinaram", "Para quê?" e por aí vai.

As mulheres casadas com homens afetivamente inibidos sabem com perfeição que o ato sexual é, na prática, o único momento em que podem desfrutar do contato afetivo e sentir a ternura masculina em toda a sua magnitude. Para muitos homens, a nudez física é a permissão para a nudez psicológica. Temos de compreender, de uma vez por todas, que essa nudez afetiva é o maior estimulante para a mulher. Nesses instantes, a comunicação ultrapassa os umbrais da repressão e o homem transborda de carinho (é algo privado e ninguém pode vê-lo). Infelizmente, depois da mais deliciosa e terna intimidade, tudo volta à "normalidade". O gesto muda, afastam-se as carícias, a máscara volta ao seu lugar e o homem, que há alguns instantes enlouquecia de amor e uivava de paixão, volta ao mais lúgubre anonimato afetivo e à mesma expressão entorpecida. Por que fazemos isso? Por que voltamos sempre ao mesmo esquema de constipação emocional? De que nos envergonhamos? Falemos a verdade: na intimidade do leito nupcial, a maioria de nós se converte no mais ridículo joguete do amor... Dizemos "cuti-cuti", imitamos o gato, o pato, o urso, o Topo Gigio, falamos como o "Guille" da Mafalda, pedimos carinhos, arranhamos as costas e até tiramos cravinhos – os mais audazes até se disfarçam de bebê. Creio que se uma câmera escondida filmasse as relações conjugais íntimas, muitos dos filmes obtidos não se enquadrariam na categoria pornográficos, mas em comédias "livre para todos os públicos".

Apesar do lado terno que às vezes aflora, as marcas geracionais foram brutalmente instaladas no disco rígido da maioria dos machos: "Homem não chora", "Você parece uma mulherzinha", "Não me abrace tanto", "Não se mima muito os homens", "Se você mostrar seus sentimentos, vão ver o seu lado fraco", "Nós, homens, expressamos o amor de outra maneira", "Você meigo fica ridículo", e por aí afora. Como veremos mais adiante, a ausência de um pai carinhoso que sirva de modelo afetivo criou um enorme vazio na formação sentimental do homem. Para um homem educado na tradicional frieza patriarcal, a comunicação afetiva é vista como uma forma de fraqueza e fragilidade. É a queda de todas as defesas e a destruição do mito no qual se protege essa ferrenha masculinidade temerosa de ser revelada. Nos dá medo expressar o bom. Precisamos ter certeza de não passar ridículo e de nos sentirmos aceitos para abrir a comporta emocional positiva. Se as condições de segurança não são dadas, nos fechamos. O despojo de nossos mecanismos de defesa requer tempo, paciência e altas doses de compreensão feminina.

3. Em resgate da amizade masculina: quando o homem ama o homem

Do ponto de vista terapêutico, é mais fácil conseguir que um homem expresse seus sentimentos para uma mulher do que para um homem. Expressar amor a outro homem é, definitivamente, uma ameaça terrível para o ego masculino – e não me refiro a outra coisa que a pura e simples amizade, livre de toda conotação homossexual viva ou latente. Além do típico medo "de gostar de homens", a razão mais comum do freio emocional intermasculino é o medo da chacota e da crítica por parte de outros homens, isto é, medo de perder o status. Nós, homens, somos muito duros com aqueles que expressam afeto de maneira efusiva demais.

Para um homem reprimido e durão, a exteriorização masculina do carinho pode ser insuportável. Ela produz aborrecimento e incômodo porque questiona e remove as repressões mais escondidas. Dito de outra forma: *para um homem emocionalmente reprimido, não há nada pior do que um outro emocionalmente liberado*. Dá nos nervos. Nas terapias de grupo masculinas, mais da metade foge escandalizada quando precisa abraçar ou acarinhar seus companheiros. Às vezes, a deserção ocorre simplesmente porque precisam comunicar seus estados de ânimo interior a outros homens. Estamos tão acostumados a sermos ouvidos pelas mulheres que, quando um homem nos abre o coração, nos assustamos.

A possibilidade de se comunicar com outros homens e de compartilhar as experiências masculinas afetivas, ou de outra ordem, é de uma riqueza psicológica incalculável. Compartilhar as vivências a partir e para a masculinidade é uma maneira de aumentar o autoconhecimento e o crescimento pessoal. Não fazê-lo é um desperdício. Lembro que perto da minha casa havia um parque onde se reuniam grupos de homens mais velhos, já aposentados, para conversar e tomar sol. Para nós, jovens, presenciar aquelas reuniões era como uma graduação acelerada, sem exames e sem censura de nenhum tipo. Um laboratório vivencial em que se reproduzia a Segunda Guerra, a Guerra Civil Espanhola, as melhores cátedras de anatomia feminina, os problemas econômicos do país, o futebol, um pouco de xadrez e insultos ao governo. Com uma facilidade incrível, tudo se convertia em polêmico, ninguém escutava ninguém e todos falavam ao mesmo tempo: uma colcha de retalhos masculina. Essa linguagem seria o mesmo que chinês para qualquer mulher. Mas por trás desse "ruído", aparentemente carente de significado, escondia-se o dialeto da camaradagem, o sentido de pertencimento a um clube "só para homens" e um espaço masculino que se estendia à cancha de bocha, ao bilhar e ao bar da esquina. Ali aprendemos a jogar cartas, dados e dominó. Também aprendemos a sutil arte de fazer brincadeiras inofensivas, a dar apelidos e a cultivar uma amizade que perduraria por anos. Mais além da competição e das disputas, havia um lugar onde podíamos rir da mesma piada sem traduções e brincar sobre as mesmas coisas sem nos desculparmos.

Infelizmente, a filosofia do café e a paixão que devem acompanhar toda boa conversação foram se perdendo. Cada dia nos tornamos mais tímidos e nos isolamos mais. É tragicômico ver como o álcool consegue o que nenhuma terapia é capaz de fazer. Sob os efeitos "embelezadores" da bebida, os mais toscos expoentes da insensibilidade masculina ficam enjoativamente doces e insuportavelmente afetuosos, sobretudo com os amigos homens (com as mulheres, a coisa é mais sexual): carinhos e expressões efusivas acompanham o "homem ébrio", artificialmente liberado e descontrolado. Já de madrugada, alguns até choram.

Comover-se com o sofrimento de um amigo, ajudá-lo, cuidar dele, abraçá-lo, expressar amor incondicional, gargalhar e falar não mais de "homem para homem", mas de amigo para amigo, é desmontar grande parte do sufocante hipercontrole racional a que estamos habituados. Os amigos possibilitam o diálogo, a voz interior, a loucura que não se permite em casa, a história mal contada e o segredo mal guardado. Essa é uma das melhores maneiras de desafogar a represa emocional. Com o tempo se descobre que a ternura e o carinho compartilhados entre homens ficam tão naturais como a brincadeira entre dois cães. O homem deve voltar ao homem. Não digo isso de maneira discriminatória, mas complementar. Na medida em que o macho perde o medo do afeto masculino, se aproximará mais tranquilamente do amor feminino.

O conflito afetivo com o feminino

Sobre o amor pelas mulheres e a persistente mania de precisarmos nos opor a elas para definir nossa masculinidade

A vida de qualquer homem está o tempo todo ligada à da mulher. Do ponto de vista biológico, a programação básica da vida em nível embrionário é feminina. Agregamos (transmitimos, forçamos ou depositamos) o cromossomo "Y" que define o sexo do homem (a identidade vem depois). Se não há essa intervenção, a tendência natural é de produzir mulheres. Se, no entanto, aparece algum gene responsável, é produzida uma formação testicular masculina.

Claro, o testículo fetal deve estar o tempo todo pendente da evolução do embrião: um mínimo descuido pode criar um caos patológico ou alguma deformidade. Durante as oito ou nove semanas iniciais, deve haver um esforço permanente para que a diferenciação do feto ocorra. Quando digo esforço, refiro-me a um trabalho extenuante, a uma verdadeira briga com a tendência natural de gerar fêmeas. Tal como sustentaram uma infinidade de biólogos e psicólogos de diversas correntes, o homem precisa ser fabricado, enquanto a fêmea simplesmente está lá. Ela ocorre por obra e graça da "mãe natureza", isto é, se a estrutura cromossômica original seguir seu curso, espontânea e tranquilamente, uma mulher nascerá. Sem querer dar uma de fatalista, esse começo biológico é o presságio de um rumo que definirá grande parte da vida posterior do homem em dois sentidos: a) sua origem feminina e b) a oposição a essa mesma gênese para definir a própria masculinidade.

Enquanto estamos no ventre materno, o universo amniótico nos aninha, alimenta e acaricia. Permanecemos nove longos meses dentro de uma mulher, totalmente unificados com ela e desfrutando com intensidade do silencioso nirvana do ventre. Nele nos refugiamos, fazemos e desfazemos o que nos dá vontade. Nele vivemos o milagre da vida, no qual tudo é benefício e nada é investimento: o negócio perfeito. Por alguma razão ainda não estabelecida, a natureza privou os homens do privilégio de oferecer esse paraíso interior a outros seres. Ao menos biologicamente falando, nunca poderemos dizer "nossas pais" ou "nossos mães". O ventre paterno só existe para o pai: não é compartilhável nem pode ser convertido. Viemos da mulher, essa é a nossa procedência. E, embora alguns vejam isso como uma desgraça, muitos de nós aceitamos satisfeitos nossa origem (certo, devo reconhecer que não gostamos muito de pensar ou falar sobre isso). Não tem jeito, até o mais insuportável machista deve reconhecer que, no momento de seu nascimento, quando passou do êxtase interior ao ruído ensurdecedor do mundo exterior, chorou, chutou e protestou energicamente. Estar dentro da mamãe era melhor.

Mas a relação de dependência com as mulheres continua. O idílio pré-natal adquire uma nova forma depois do parto. A relação intrauterina mãe-filho prolonga-se de maneira extrauterina durante vários meses, nos quais a mãe segue provendo cuidados de todo tipo, carinhos, beijos e abraços. A díade afetiva faz-se agora claramente visível. A simbiose segue, mas de maneira mais consciente pelas duas partes. No bebê já existem formas primitivas de percepção, e a mente já começa a se formar. Ambos já conseguem se ver, se tocar e trocar prazer de uma forma mais direta, atrevida e erótica. Entretanto, apesar dos envolvidos, este amor primitivo e básico para a sobrevivência se complica. No homem, soma-se mais um ingrediente, algo que o fará renegar e o obrigará a dar a marcha a ré. Uma espécie de infâmia ontogenética começa a se tecer, uma piada do destino, uma brincadeira de mau gosto da vida: a identificação masculina, que a grosso modo não é outra coisa que uma "desidentificação" feminina.

Tal como disse antes, diferentemente do que ocorre com o bebê do sexo feminino, cujo processo de identificação ("eu sou uma mulher") se dá de maneira natural, fluida e passiva, o varão deve fazer um giro de 180 graus, frear o processo de identificação do qual vinha e reconhecer, com frustração, que aquilo que o contemplou, o encheu de afeto e amor é de outro planeta ou, ao menos, não é como ele. Ele deve renunciar à maior fonte conhecida de prazer, distanciar-se intempestivamente e começar a se desligar de um "eu" mal conduzido e de uma autopercepção mal construída, como o conto da leoa criada com ovelhas que um dia, ao se enxergar refletida em um lago, descobre que não é igual às suas congêneres, mas diferente, de outra raça ou quase de outra espécie. Não temos formas de saber isso, mas imagino que o impacto disso para um menino deve ser terrível, mais ainda se considerarmos a ausência de outro padrão de identificação: a figura masculina do pai. Se esse mesmo garoto perguntasse: "Está bem, não sou isso. Mas então, o que sou?", a resposta lógica, ainda que indeterminada, deveria ser: "Você é um homem". E se por acaso o suposto menino voltasse a perguntar: "O que é um homem?", muitos pais sairiam correndo.

A identidade dos humanos, isto é, o seu autorreconhecimento, ocorre mediante um princípio que se conhece como "fenômeno de olhar-se no espelho". Nos autodefinimos na medida em que nos enxergamos em relação aos outros. Quando um menino descobre, atônito, que estava se olhando no espelho errado, deve começar a se distanciar mental e afetivamente e deve olhar para o outro lado: buscar outro espelho.

Essa ruptura de gênero com a fonte primitiva, isto é, a mãe, requer uma reação antagônica e uma oposição ativa. Ainda que não nos agrade muito, a natureza agiu assim: a masculinidade começa a se definir por meio do desprendimento do feminino. Enquanto no processo de identificação feminino a proximidade afetiva e a relação com a própria fonte de alimentação e cuidado fortalece a concordância de gênero, no homem é o contrário. Para o homem, a correspondência da própria identidade não vem pronta, ele deve agir para obtê-la. Precisa achar um ponto médio de onde não saia demais, o que seria pouco recomendável para sua vida afetiva posterior (ódio ou indiferença em relação às mulheres), mas tampouco deve ficar preso a um vínculo infantil, o que seria catastrófico (afeminamento ou complexo de Peter Pan). Esse processo de manter a mulher perto para poder encontrar a própria identidade gera um desgaste enorme de energia nos homens, além de angústia, culpa, ódio e amor, misturados e agitados. Mas a coisa não termina aí.

Aos dois ou três anos, tanto os meninos quanto as meninas tentam a separação de gênero; as brincadeiras são diferentes e se prefere amiguinhos do mesmo sexo. Os meninos parecem desenvolver certa fobia às meninas, e estas, certo desgosto pela "loucura" masculina. Os garotos, antes de entrarem na pré-adolescência, chegam a ter pesadelos com a possibilidade de serem uma menina disfarçada, ou, o que é o mesmo, uma menina no corpo de um menino. O maior terror e o pior insulto para um garoto dessa idade é ser chamado de menina.

Sem a menor intenção de parecer vítima, e atendo-me exclusiva e objetivamente ao desenvolvimento psicológico-afetivo masculino: que canseira ser homem! Primeiro, no estágio embrionário, devemos agregar um "Y" que só nós temos e que não parece estar programado de maneira tão natural pela biologia. Depois, a desilusão e a cruel aceitação de que não se é mulher, ou seja, sou uma espécie de marciano. Mais tarde, quando a coisa parece estar mais tranquila, nos sobrevém um transtorno obsessivo ainda não registrado pela psiquiatria: "Para sermos homens, devemos nos diferenciar das meninas", mais ainda, quanto menos nos parecermos com elas, mais homens seremos. Em vez de aprendermos a ser homens, reafirmando o que temos de fazer, aprendemos pelo erro, ou seja, pelo que não podemos fazer. E, para arrematar, durante quase toda a vida muitos machos são assaltados pelo pavoroso medo – alguns dizem dúvida – de serem homossexuais. Ou seja, além de tudo ainda é preciso cuidar para não ser homossexual (novamente se opor) e, como é óbvio, é preciso diferenciar-se deles. Que falta faz um pai!

Certa vez fui convidado por uma associação de mulheres para falar sobre este tema. Quando terminei de explicar o problema da identificação masculina, a metade da sala tinha lágrimas nos olhos e a outra metade demonstrava um claro sentimento de compaixão e pesar: "Coitados, o que lhes cabe sofrer". Na verdade, não soube se devia agradecer o gesto ou me deprimir com elas.

É apenas natural que, nesse contexto de busca pelo viril, a grande maioria dos homens adquira o vício, geralmente inconsciente, de ter que mostrar o tempo todo que são homens de verdade. *A masculinidade é muito mais importante para nós, homens, do que é a feminilidade para as mulheres.* Realmente, confundimos o caminho. Poderíamos orientar nossas energias fundamentais a nos descobrirmos, sem definir tantos territórios e fronteiras inúteis com o feminino. O absurdo foi proposto e assim mantido por séculos: *nos homens, a masculinidade depende de como se resolve a feminilidade.* Ridículo. O desatino reside, precisamente, no fato de que não há nada para resolver. É possível que não tenhamos muito o que fazer no estágio embrionário, mas podemos melhorar a maneira como a cultura administra os processos infantis de identificação masculina. Também podemos criar novos métodos educativos para a socialização de meninos, reestruturar a concepção que os adolescentes têm das mulheres e trabalhar ativamente para vencer o medo de expressar sentimentos positivos. Enfim, haveria muito por fazer, se existisse motivação.

Essa insistente precipitação contra o feminino começa a se suavizar quando fazemos uma descoberta desconcertante e quase traidora da causa: as mulheres nos fazem parecer horríveis e, ainda assim, gostamos delas!

– Meu Deus... Como é possível? Eu gosto delas! – exclamava seriamente preocupado um paciente meu, de doze anos, surpreso com a própria constatação.

Essa descoberta é tão estremecedora e embaraçosa que costuma ser mantida em segredo por algum tempo, até que alguém mais valente seja capaz de comentá-lo no grupo de referência. Assim, descobrimos que felizmente não somos os únicos. Na verdade, qualquer menino apaixonado e aflito sente um grande alívio ao ver que seus companheiros de gênero estão nas mesmas condições e, como costuma ocorrer, até o mais durão do grupo está "afetado". Como uma epidemia de origem desconhecida, os temíveis combatentes antifeministas vão depondo as armas e entregando-se mansamente, um a um, ao inimigo. Um combatente muito mais poderoso, de aparência passiva e sumamente encantadora, que não perdoa.

Junto ao vírus afetivo que nos envolve sem remédio no amor adolescente, no menino se faz evidente uma nova força com o vigor de mil sóis, pungente e demolidora, que definirá em grande parte a existência masculina posterior e da qual falarei na terceira parte do livro: a atração sexual. Esta nova energia termina de fazer em pedacinhos esses anos de "protesto viril", como os chamava Alfred Adler, e a balança definitivamente começa a se inclinar. Os paradoxos da vida: tanta repulsa, tanta negação do feminino, para regressar a elas. Do desmame à "mama". O retorno da mulher e a aparente conciliação com o outro sexo deixam exposto de uma vez por todas o conflito básico do macho, o dilema atração-repulsa pelo feminino, que guiará e determinará em grande parte sua futura vida amorosa. Embora existam muitos estilos afetivos masculinos e ainda que alguns deles acabem constituindo subtipos, assinalarei os que considero mais importantes a partir do impedimento que geram na oposição ao feminino. As formas de se relacionar afetivamente vão depender de como cada um tenta resolver esse conflito básico: muito perto, mal; muito longe, também. Os que não são capazes de se afastar o suficiente do vínculo materno inicial permanecem em uma relação infantil e/ou culpada. Os que se distanciam demais podem opor-se ao amor feminino com indiferença e/ou agressão. Os que conseguem reestruturar um bom ponto de equilíbrio chegam à reconciliação consigo e com o amor feminino. Deixarei o homem compulsivo, o que sofre de "síndrome de Don Juan", para a parte em que falarei da infidelidade.

1. O homem apegado-imaturo

Este homem não conseguiu desenvolver a própria virilidade. É totalmente dependente e ainda está aferrado ao cordão umbilical. Ficou represado na relação maternal e não consegue separar-se do vínculo e ultrapassar a fronteira da autonomia. Em geral, é o típico homem incompleto, fraco, infantilizado e possivelmente afeminado. O traço principal deste perfil está no apego ao medo de ser macho. Assumir a própria identidade masculina produz nele pânico porque isso implica se afastar dos símbolos de segurança. Esse tipo de homem não sabe e nem pode amar, porque está concentrado demais em si mesmo, em sobreviver e em ser amado. É um narcisista egocêntrico, mas não por escolha, e sim por imaturidade afetiva. Ao resolver o conflito em favor da mãe, a estagnação o impede de desenvolver uma identificação normal com o papel masculino. O que verdadeiramente necessita é de uma babá, alguém que cuide dele e o ajude. Um homem assim é um menino grande que se nega a crescer, um Pantagruel afetivo que não consegue mais se desenvolver para nenhum lado, nem para fora, nem para dentro. Quando o homem apegado-imaturo sente que o sustento afetivo enfraquece, isto é, quando prevê o distanciamento, ativa a estratégia de retenção do menino, que consiste em agarrar-se desesperadamente à mãe como se ela fosse um prolongamento dele: "Minha mãe é minha!", "Vá embora!", "Não toque nela!". Nestes homens, começa a funcionar uma forma especial de ciúmes quando eles sentem, de maneira real ou imaginária, que estão perdendo a segurança oferecida pela companheira. Então perseguem, vigiam, recolhem pistas, registram, se ofendem, agridem e/ou afastam todos os que possam roubar ou distrair a atenção da mulher-mamãe. Esse tipo de ciúme é a manifestação mais primitiva de apego. A posse converte-se em uma forma de se apoderar da força da fonte de segurança e de garantir o fornecimento necessário de confiança para seguir sobrevivendo no regaço materno. A motivação básica do ciumento-apegado-imaturo não é resgatar o ego machucado (como no machista), nem se defender da enganação (como no paranoico), mas evitar enfrentar a realidade da própria identificação. Quando a coisa fica séria, estamos diante do tristemente célebre ciúme patológico, uma doença mental que requer ajuda profissional. Se a companheira desse tipo é extremamente maternal, a combinação, embora compatível, é incestuosa e mortal. Algumas mulheres, implicadas nesse tipo de relacionamento, criam uma espécie de objetivo pessoal e, motivadas por um transbordante otimismo, tentam ensinar o "criançăo" a ser adulto, isto é, a ser homem: outra vez o maternal. Essa nobre cruzada termina, evidentemente, limitando ainda mais a já pouca autonomia masculina que pode haver existido e agregando ainda mais dependência à relação. O perigo está aí: o apego, embora não pareça, é contagioso. Então o resultado costuma ser um duplo apego, simbiótico, inoportuno e fora de lugar. Ela adota o bebê.

2. O homem culpado-submisso

Esse tipo de homem faz um processo mental absolutamente autodestrutivo. Não contente com os papéis e com a complexidade do processo de ser homem, ele decide colocar sobre os ombros uma nova carga: a culpa. Como se o inconsciente estivesse constantemente se repreendendo: "Para ser homem, tive de renegar minha mãe e trair o amor dela". Um judas afetivo da pior espécie. Negar a Jesus foi algo espantoso, mas negar a própria mãe é uma monstruosidade genética. Esses homens têm uma atitude reverencial e serviçal para com as mulheres que é realmente suspeita. Elas obviamente ficam encantadas por eles serem atentos, amáveis, bons anfitriões, por lhes darem razão na hora da polêmica, mostrarem-se abertamente feministas e pedirem desculpas todos os dias. Mas essa sedução não é boa educação, e sim um ato de compensação, algo como uma indenização. Se pudessem voltar no tempo seriam transexuais ou, ao menos, solteirões empedernidos. Quando escuto: "Seu marido é um santo, deveria ser canonizado", imediatamente me pergunto: "Que tipo de santo será? Virtuoso ou culpado?". Ser bondoso e conciliador por vocação é algo respeitável, mas ser submisso por necessidade é lamentável. Esses homens demonstram um aparente amor incondicional por suas companheiras e uma tolerância sem limites, que não é outra coisa senão o castigo autoimposto para reparar o suposto dano afetivo original de se separar da mãe – algo que transcende o casal e se faz extensivo ao sexo feminino em sua totalidade. Argumentar diante das mulheres do mundo pode ser bastante cansativo. Além disso, por pura estatística, a muitas mulheres pode parecer atrativa a ideia de submeter o próprio companheiro de vez em quando, afinal de contas, ele assim o quer e parece gostar disso. O homem culpado-submisso sente-se internamente miserável e sem direito a um amor respeitável, e por tal razão o castigo costuma se converter em fonte de prazer. Olhando por qualquer ângulo, é algo mau e contraproducente. Esses homens aceitam satisfeitos os maus-tratos. Vê-los em ação é desagradável até para as próprias mulheres.

Há pouco presenciei uma dessas autolacerações públicas em um grupo de amigos. O homem em questão precisava levar uns remédios para a sogra, mas, devido a um imprevisto no trabalho, chegou atrasado para o jantar na própria casa. Verdade seja dita: em geral, era um homem muito pontual e ajuizado (a mulher sempre sabia onde ele estava), mas dessa vez havia se atrasado. Quando chegou, todos os casais convidados estavam comodamente instalados, saboreando um delicioso aperitivo, tentando acalmar a mulher, que fumava e bufava ao mesmo tempo. Ao vê-lo entrar, sem saudação alguma, ela gritou a plenos pulmões:

"Você se dignou a vir!"

Ele se limitou a esboçar um sorrisinho lamentável. Ela se aproximou com passos firmes – na verdade, mais parecia um esquadrão da polícia montada do Canadá –, arrancou o pacote com os remédios das mãos dele e literalmente grunhiu. Ele tirou o casaco, afrouxou a gravata, que nesses momentos parece mais um laço no pescoço, pediu desculpas por ter chegado tarde e deixou-se cair pesadamente, sob efeito da gravidade, em uma poltrona enorme e estofada que quase o tragou. Sentado ali, parecia um menino repreendido e angustiado, que se deixava notar mais pela insistência em buscar permanentemente o olhar da mal-encarada mulher para ser absolvido do que por qualquer outra coisa.

Ao cabo de alguns instantes, quando por sorte o clima e a temperatura ambiente pareciam ter melhorado, meu amigo teve o azar de derrubar e quebrar uma garrafa de Chivas 24 anos, despejando o precioso líquido sobre uma belíssima e pálida almofada persa sem muitos arabescos. O acidente, sendo bem sincero, me doeu mais pelo desperdício do conteúdo do que pela almofada. Para a dona de casa, como é óbvio, foi o contrário. Ela voltou a grunhir, desta vez com um som parecido com o de um elefante-marinho, e soltou uma frase que conseguiu transformar nossas expressões em caretas:

"Careca estúpido, você não serve para nada!"

Não foi exatamente uma expressão muito poética, nem um exemplo de diplomacia, mas, acima de tudo, foi humilhante. Todos os nossos olhares, como ocorre com o público que assiste a uma importante partida de tênis, buscaram ao mesmo tempo os olhos de nosso desafortunado amigo, mais achinesados, vermelhos e pequenos do que de costume. Logo, outra vez ao mesmo tempo, dirigimos os olhares para ela, esperando algum tipo de retificação, mas ela reafirmou o que dissera, sem falar. Então, todos nos levantamos ao mesmo tempo, como impulsionados por alguma força elástica invisível, para colaborar de alguma maneira em relação ao incidente, fazer parênteses e descongelar o quadro da tragédia. Depois de tal insulto, ele obviamente se mostrou um pouco mais quieto e sério, mas na realidade estava mais doído do que ofendido. Com o transcorrer da noite, diante da insistente indiferença dela, não aguentou mais e, num ato de expiação sem precedentes, lhe pediu desculpas publicamente, além de um beijo para fazer as pazes, que ela concedeu de má vontade.

Ainda que alguns tenham elogiado a nobreza do homem arrependido e de seu ato de penitência, a maioria dos comensais, homens e mulheres, intercambiou um acordo implícito, muito gestual e secreto, de não aprovação. O interessante do relato é que a braveza de nossa anfitriã só aparece com o marido. Com outras pessoas, é uma mulher terna, amável e tolerante. Algo similar ocorreu com a primeira mulher de um querido amigo e com a maioria das mulheres que conheci ao longo da vida dele: passado algum tempo, todas mostravam o mesmo padrão agressivo. Ele se encarregava de que fosse assim.

O homem culpado coloca a própria cabeça no cadafalso e diz: "Se você me ama de verdade, destrua-me, e assim poderei amar você", mas o amor, por definição, é a ausência de destruição. O amor sincero é energia criativa. Intervir nesse suicídio afetivo é sumamente daninho para qualquer mulher, porque desvirtua a verdadeira essência do amor e compromete não só a saúde mental da vítima, mas também a do carrasco. Parafraseando Erich Fromm: "O amor é a expressão da intimidade entre dois seres humanos, sempre e toda vez que **se preservar a integridade de cada um**" (o negrito é meu).

3. O homem esquizoide-ermitão

Este homem se caracteriza por um estado afetivo plano generalizado, mas especialmente em relação às mulheres: nem desejo, nem amor. O esquizoide-ermitão, até a idade adulta, manteve-se com firmeza na oposição ao feminino e solucionou o conflito atração-repulsa com a mulher mediante o distanciamento. Não há maior afastamento afetivo do que a indiferença: "Elas não existem", "Posso viver sem elas", ou simplesmente "Não me importo com elas". Não se trata de autonomia nem de independência saudável: isso se chama desconexão emocional e sexual.

Muitas mulheres são vítimas desses homens "dissociados", que não parecem responder a nenhum tipo de sedução e provocação, como se fossem de plástico. Ermitões do amor, temerosos de que a mulher os arraste e os despersonalize, eles se entrincheiram em uma solidão afetiva ilimitada. Um paciente com essas características descrevia assim o tortuoso sentimento que tinha pelo feminino:

"Não nos enganemos, doutor. Como homem, você alguma vez deve ter tido a sensação espantosa de ser sugado, aspirado em direção a elas. O que pode ser mais parecido com a morte do que as cavernosas e gelatinosas paredes de um ventre ou de uma vagina?"

Respondi a ele que minha visão das mulheres não era tão sombria, já que as associava mais com a vida do que com a morte. Ele, como se fosse um terapeuta experiente, durante várias sessões tentou me convencer da existência desse lado feminino obscuro e pernicioso, felizmente sem sucesso.

Esses homens ausentes tomaram para si muitos dos chavões antifeministas sobre o desenvolvimento masculino e os internalizaram para o resto de seus dias. Mataram o amor e suicidaram-se nessa tentativa. A síndrome do ermitão é perigosa para muitas mulheres sedentas de amor, porque estes homens não dão indicação, nem sugerem, nem põem aviso a quem possa interessar sobre sua incapacidade de amar: simplesmente não se importam. Diante dessa incompetência afetiva, não há o que fazer. A mulher deve sair fora e esquecer o assunto. O desinteresse é a mais cruel e silenciosa das armas para destruir a autoestima de qualquer um. Uma mulher vítima de um homem assim me dizia:

"Doutor, não entendo por que ele me trata tão mal. Fui carinhosa e amável. Ele não fala comigo, não decide. É como se eu estorvasse, o aborrecesse. Queria entender."

Eu disse a ela que não havia nada para compreender. Disse que ele era perigoso e ela deveria se afastar:

"Para poder entendê-lo, seria preciso ter a mesma doença, mas, se você a tivesse, não se interessaria por ele porque também estaria em uma espécie de limbo afetivo. Ele não pode dar mais, já não sabe como fazer isso. Esqueceu ou talvez nunca tenha sabido. Você não acha que merece algo melhor? Alguém que realmente a ame sem tantas complicações? Você se converteu na tradutora do intrincado mundo emocional dele, recolhendo pistas, analisando, inferindo e, enquanto isso, onde está o amor? Sua relação se transformou em um problema para resolver, e não em algo para aproveitar. Nada do que você fizer o fará mudar. Você é mulher, e só por isso está no polo oposto da existência dele. Afaste-se dele, salve-se."

Ao cabo de algumas semanas de trabalho intenso na terapia, ela assim o fez.

4. O homem agressivo-destruidor

Embora os gatilhos da agressão masculina sejam variados (por exemplo, insatisfação sexual, estresse crônico, transtorno antissocial de personalidade, abuso de substâncias ilícitas), existe uma violência que se circunscreve principalmente à relação afetiva. No homem agressivo-destruidor, a motivação principal do afastamento feminino é o ódio. A agressão manifestada por estes homens não é passiva como no esquizoide, mas ativa e direta. O conflito latente com o feminino manifesta-se em múltiplas e violentas rupturas com a mulher da vez. Há um profundo rancor e uma marcada incapacidade de perdoar as mulheres. Elas sempre são vistas como más, manipuladoras, exploradoras e pouco confiáveis, mas, contraditoriamente, desejáveis. Este homem não pode amar porque suas energias estão concentradas em processar uma ira que sombreia o amor, ocultando-o e eclipsando-o. Sua premissa, olho por olho; sua norma, a lei do mais forte; sua motivação, a desconfiança. O dilema fica proposto assim: "Me afasto com dor e me aproximo com raiva", "Não te perdoo, mas necessito de você".

Como é óbvio, esses tipos costumam ser machistas furibundos e demonstram abertamente que subestimam o feminino – eles não fazem isso com a apatia e a displicência que caracterizam os esquizoides-ermitões, mas com brutalidade. Nestes homens, a ambivalência diante do sexo oposto está especialmente evidente: odeiam a mulher e ao mesmo tempo desejam-na com intensidade, e é precisamente isso que não conseguem perdoar em si mesmos. De certa forma, quando atacam suas parceiras estão se autocastigando por serem fracos, por não terem a valentia de proclamar a própria independência de uma vez por todas e de serem coerentes com o rechaço que sentem por elas. A melhor opção para as mulheres vítimas dessa violência masculina é escapar o mais rápido possível, como no caso dos ermitões, mas para muito mais longe.

Quando falo de violência não me refiro apenas à agressão física, deplorável e denunciável, mas à psicológica, nem sempre denunciada e tão ou mais perigosa do que a anterior. O ódio pode se manifestar como menosprezo, falta de admiração, rejeições afetivas, críticas constantes, pouca amabilidade, insensibilidade pela dor do outro, escárnio e outras formas de não aceitação. A falta de respeito psicológico não deixa marcas visíveis, mas é a que mais dói. Se alguma mulher tenta valentemente sanar o ódio de um homem assim, se sairá muito mal. O homem agressivo-destrutivo é como um incêndio que aumenta com a água: quanto mais amor e compreensão, mais rancor. Nestes casos, o amor não é suficiente.

5. O homem inconstante

Esse homem é uma espécie de distúrbio emocional. É o homem de identidade flutuante, a quem ninguém, nem mesmo os psicólogos mais experientes, pode entender. Ele tem todos os elementos dos estilos descritos anteriormente, misturados em desordem e intercambiáveis de acordo com a conveniência dele. Um pouco de culpa, algo de agressão, certa indiferença e doses esporádicas de apego enlouquecem qualquer um. Em geral as mães desses sujeitos não foram muito sensatas e produziram nos filhos uma total falta de identidade, não sexual, mas psicológica. Como se tivessem uma personalidade borderline, mas ancorada no afetivo, esses indivíduos são imprevisíveis e altamente contraditórios, já que passam exercendo todos os papéis ao mesmo tempo, sem chegar a consolidar um estilo só. O conflito com o feminino encontra-se em estado puro, possivelmente com a efervescência dos primeiros meses de vida. Estes homens costeiam os limites do amor, tocam-no, registram-no, mas não são capazes de manter relações afetivas estáveis por muito tempo, entre outros motivos porque a maioria das mulheres foge deles. O problema salta às vistas. Podem chegar a ser algo sedutores e mitômanos, mas não conseguem ser o típico Don Juan. Quando uma mulher tem o azar de cair neste buraco negro emocional, é devorada rapidamente; anula-se e desaparece como pessoa. A solução para estes casos turbulentos de desestruturação psicológica deve ser categórica e terminal: fazer tratamento psiquiátrico, usar medicação abundante e entregar-se à Divina Providência.

6. O homem afetivamente estruturado

Este homem conseguiu se diferenciar, sem se apegar e sem criar antagonismos e rivalidades doentias com as mulheres. Não teme a mulher que há fora nem a que está dentro dele. Seu estilo afetivo com o sexo oposto está determinado por um distanciamento equilibrado, sem ódios (homem agressivo) nem indiferenças (homem esquizoide), e por uma aproximação sem medos irracionais (homem apegado) nem antigas culpas (homem submisso). O homem estruturado não se submete porque se respeita, nem gera violência porque respeita os demais. Sabe o que deve e o que não deve negociar. Não é um exemplo de virtudes, mas é capaz de amar. Este novo homem não está fracionado, não se move no incessante vaivém do conflito atração-repulsa, ele enxerga o dilema, admite que ele existe e tenta superá-lo. Sabe que, embora sua masculinidade surja do feminino, tem leme próprio e um rumo pessoal específico. Entende que a separação infantil do feminino é simplesmente o início de um processo para seguir crescendo como homem. O homem estruturado reconhece que ao atacar o feminino está violentando uma parte muito importante de si mesmo, mas também tem claro que o homem fraco é uma roupagem emprestada e de procedência duvidosa, que não lhe cai bem. Ao contrário do machista, que elimina por decreto o feminino, cuida dele, o inclui na vida cotidiana e deixa que ele se manifeste quando a situação requer. De acordo com a demanda, pode ser tão maternal como qualquer mulher mais terna ou feroz como o mais bravo dos guerreiros. Quando a situação se restabelece, retorna tranquilamente a seu nível basal e à potencialidade mista do *yin* e do *yang* que sua masculinidade permite. Ao curar-se internamente, não deve fazer muitos esforços para se acomodar ao amor, apenas permite que ele ocorra e se manifeste.

Sempre que costumo falar deste homem afetivamente estruturado, a resposta imediata de algumas mulheres céticas é: "Quero só ver!", como se dissessem "Não acredito que eles existam" ou "Nunca conheci um". Contudo, e felizmente, essas mulheres estão erradas. Embora não existam muitos, os novos homens afetivos, livres de oposição negativa ao feminino, existem, sim. Mas, como é evidente, estes homens não duram muito no mercado interpessoal, já que são rapidamente detectados pelas consumidoras afetivas. Cada dia mais homens se aproximam do próprio lado feminino de maneira saudável e tentam amar de forma conciliadora. Cada dia mais homens aceitam participar de grupos de reflexão masculina, nos quais se aprofunda e se estuda com seriedade o seu papel social e afetivo. O homem afetivamente estruturado não é uma invenção, uma fantasia, um desejo futurista para o ano 3000: ele existe hoje. Neste preciso instante, aqui e agora, uma infinidade de jovens está tomando como suas as premissas de paz geracional com o sexo oposto. É impossível parar o advento desta masculinidade amorosa. A verdade é essa.

Que algumas pessoas não enxerguem isso, é outra coisa. Talvez certas mulheres possam estar distorcendo as informações em favor de algum esquema mal adaptativo, sendo vítimas de homens inaptos para o amor, respondendo a velhas experiências afetivas negativas, visitando lugares inapropriados ou simplesmente criando as condições adequadas para que estes reconciliados e pacíficos homens se aproximem. É importante não generalizar o negativo. O dito popular quase feminista "Os homens são todos iguais", além de ser estatisticamente errôneo, parece mostrar que, no fundo, muitas mulheres são marxistas sem sabê-lo. Doa a quem doer, existem homens que fizeram as pazes com a própria feminilidade original. Ainda que eles não saltem aos olhos em meio à multidão, estão aí. Podemos ser céticos, pessimistas crônicos ou simplesmente não acreditar, mas, como ocorre com as bruxas: que eles existem, ah, existem, sim.

O conflito com a paternidade

Sobre o amor pelos filhos e o ofício da paternidade maternal

Da maneira como encaro as coisas, além de qualquer clichê romântico, ser pai é uma bênção: o que se pode transmitir de maior do que a vida? Reconhecemos uma origem quase sagrada na maternidade, mas não outorgamos muita transcendência ao fato de sermos pais. A teoria do instinto maternal criou um efeito de halo antipaternal e uma evidente distorção sobre o desempenho dessa figura, como se o homem sofresse de uma espécie de incapacidade congênita que o inabilita para a criação infantil. As cenas de pais rígidos carregando recém-nascidos enquanto as felizes parturientes, cunhadas e sogras olham com condescendência a natural falta de jeito masculina são claramente sexistas, além de ofensivas. Claro, para suavizar as coisas, em alguma propaganda de seguros de vida ou de talco para bebês, o pai derrama uma ou duas lágrimas antes de "se desfazer" rapidamente da criança (vai que ele a estrangule sem se dar conta), mostrando que o primata civilizado tem um lado terno.

Esses estereótipos sociais, manipulados e divulgados sobretudo pelos homens, bloquearam as potencialidades masculinas para exercer uma paternidade adequada. Enquanto a maternidade é um fator de realização pessoal no qual a felicidade não é o determinante, a paternidade é experimentada por muitos homens com medo e uma enorme carga de responsabilidade. Por vezes, o sentimento de alegria por ser pai se vê manchado por preocupações de outra natureza e o prazer se esvai. Os filhos só são assimiláveis a partir de uma atitude mais positiva. A vivência da paternidade deve romper com a angustiante sensação de dever que instaurou o mito do provedor, para regressar à sensibilidade básica que produz o mero fato de ser pai. Não estou dizendo para ignorarmos os problemas óbvios que vêm com a criança, mas que também precisamos enxergar o lado bom dela. Criar uma vida é um dos feitos mais significativos da existência humana, e se não conseguimos vislumbrar a magia que isto contém, a paternidade se dissipará em um conflito de interesses, mal proposto e inexistente: "Meus filhos ou eu" em vez de "Meus filhos e eu".

1. O pai ausente

A ausência masculina nos processos de criação é indiscutível. Impulsionados pelos já mencionados ideais de status, sucesso e vantagens materiais, nós, pais, imigramos para o mundo da competição e esquecemos a família. Muitas vezes, quando tomamos consciência do distanciamento, o mal já está feito. Alguns de meus pacientes precisaram de um infarto ou um câncer para se darem conta de algo tão elementar. Se nós, pais, nos déssemos conta do tempo que realmente dedicamos a nossos filhos, entraríamos em estado de torpor. Por "tempo real", entendo estar com os cinco sentidos e toda a atenção disponível para eles. O triste é que a ausência física produz a ausência afetiva. O ditado "O que os olhos não veem, o coração não sente" não é aplicável apenas ao ciúme.

Diferentemente do que antes se pensava na psicologia, hoje sabemos que a assistência e o cuidado paterno são determinantes nas primeiras etapas do desenvolvimento infantil, tanto em animais quanto em humanos. Os carinhos da mãe são imprescindíveis. Mas, se além deles há os do pai, ainda melhor. Os estudos etiológicos mostram que filhotes de distintas espécies criados pelos dois pais sobrevivem melhor e crescem mais rápido do que aqueles criados somente pela mãe. No mundo civilizado ocorre algo similar.

É dos quinze meses em diante que o menino busca a referência masculina, o outro espelho de que falávamos anteriormente. Se encontra um pai sensível e carinhoso, o alívio é evidente: "Finalmente outro igual a mim"; mas se o encontra pela metade, ou seja, física mas não psicologicamente, se vê obrigado a mobilizar outras energias compensatórias que fazem mais mal do que bem.

É evidente que certas aprendizagens masculinas são consideravelmente facilitadas se o pai está presente. Há coisas que, embora as mães ainda façam muito bem, nós, pais, podemos fazer melhor. Por exemplo, responder certas indagações sobre o desempenho sexual masculino, as preocupações que surgem da socialização com outros meninos, a conquista feminina, a melhor maneira de praticar alguns esportes, os complexos masculinos, enfim, a lista seria interminável. Não obstante, apesar da importância do papel do pai como "educador", a amizade dele com os filhos é muito importante, sobretudo com os filhos do mesmo sexo. O companheirismo e a "cumplicidade" de gênero bem entendida fortalecem e aceleram os processos de aprendizagem social, produzem menos prevenção às pessoas do mesmo sexo e ampliam o leque de comunicação interpessoal. Quando um pai se despoja do papel asséptico de "transmissor de conhecimento" ou "pai provedor" e se aproxima do filho a partir de uma perspectiva mais vivencial e humana, tudo fica mais fácil. Assim, a masculinidade já não é uma especulação conceitual ou uma literatura barata, mas sentimento em ação. Parafraseando o biólogo Maturana: "Os valores nos contagiam na medida em que os vivemos". A paternidade só existe e se realiza na convivência, o resto é puro blá-blá-blá.

Um relato pessoal pode servir de exemplo. Meu pai era um homem extremamente trabalhador e, justamente por isso, ausente. Era caixeiro-viajante e se movia de venda em venda. Algumas vezes, quando me dava "papaisite", tentava, sem sucesso, ultrapassar a atmosfera de silêncio que o envolvia. Ele não me deixava entrar com facilidade, nem eu persistia demais no intento. Na realidade, tinha medo de conhecê-lo porque não sabia o quanto de dor iria encontrar. Nossa relação era sempre mediada por um espaço invisível, por uma película isolante de ambas as partes, que nos proibia de estar juntos. A partir dessa distância era impossível, para mim, acessar a experiência dele e enriquecer a minha: era difícil aprender com ele.

Mas nesta história de relação há um antes e um depois. Uma noite qualquer, ele estava na varanda tomando ar. Eu havia acabado de estudar e me sentei ao lado dele. Ao cabo de um tempo perguntei a ele se tinha acontecido algo, pois o via muito pensativo. Ele respondeu que não me preocupasse, que estava tudo bem, mas eu o via triste e ensimesmado nos próprios pensamentos. Disse a ele algumas coisas sem importância e voltei a insistir sobre o semblante fatigado dele. Após alguns instantes de mutismo compartilhado, confessou-me que teríamos de deixar o apartamento porque ele já não conseguia pagar as prestações e me pediu que guardasse segredo, sem dizer nada às minhas irmãs nem à mamãe. Como é óbvio, não soube o que dizer. Aos treze anos, não há muito o que opinar sobre um tema assim. De novo, optei pela prudência do silêncio até que, ao cabo de alguns minutos, para minha total surpresa, ele irrompeu abruptamente em pranto. Sem vergonha alguma, como se eu não estivesse ali, com a indecência que só o sofrimento outorga, chorou como qualquer outro menino haveria feito.

Eu me assustei muito. Ver chorar um homem adulto causa impacto, ainda não estamos acostumados, mas ver o próprio pai fazendo isso espanta. Por fim, entre tímido e compassivo, atinei a colocar a mão no ombro dele e mais tarde, quando acumulei coragem, consegui abraçá-lo com força e ficar assim por um tempo, agarrado nele. Nessa noite, ele me contou muitas coisas de sua vida, seus velhos amores (eu pensava que nunca havia tido um), sua juventude, suas aspirações, seus desenganos, suas loucuras de juventude, suas alegrias e suas inseguranças. Espanou os arquivos do passado e entregou-os a mim. A capa de dureza que nos havia separado durante anos tinha desaparecido. Sua masculinidade e a minha, por fim, haviam feito contato. Apesar da dor e das lágrimas, esta noite foi mágica porque descobri o pai homem, fiquei cara a cara com a alma dele e, precisamente nesse instante, comecei a compreendê-lo. Quando ele abriu seu coração, eu me converti em seu amigo e ele, em meu professor.

De toda forma, tivemos de deixar o apartamento e a vida seguiu seu curso. Embora nunca tenhamos sido íntimos, porque às vezes a solidão nos distanciava, as portas seguiram abertas de par em par. Se queríamos, as cruzávamos; se não, ali estava a opção. A verdadeira amizade não é outra coisa que isto: uma alternativa afetiva disposta a ser ativada em qualquer instante que se necessite. Se esta possibilidade existe entre pai e filho, vira indestrutível, terna e quase milagrosa.

2. Por um pai maternal

O sexo masculino tem a capacidade para exercer uma paternidade responsável e afetuosa na criação? Existe a paternidade-maternal? A resposta é, definitivamente, sim. Em escala zoológica, os exemplos abundam. O cuidado paternal aparece nos invertebrados, nas aves, nos peixes e nos mamíferos. Muitas espécies como o caranguejo, o peixe altruísta, os girinos, os cervos, o lobos, os cães selvagens, os chacais, os saguis e os homens que assumem a nova masculinidade, apenas para citar alguns, podem fazer perfeitamente as vezes de mães cuidadoras (por exemplo, dar de comer, lavar, treinar, brincar e carregar as crias).

É interessante assinalar que, em muitas espécies, o cuidado paternal atrasa o ato reprodutivo do macho e permite que os ciclos reprodutivos dos dois gêneros se acoplem em uma sincronia comum de acasalamento. Nestas espécies paternais, a competição sexual dos machos diminui durante a criação e as fêmeas perdem momentaneamente sua vantagem, em termos de poder sexual. Isto é, se assumimos com seriedade o papel de pais envolvidos ativamente na criação, é provável que nossa libido diminua. Como se a natureza nos dissesse: "Se você vai se dedicar a isso, use todas as energias disponíveis, porque a coisa é complicada". Educar não é uma tarefa fácil.

A grande maioria dos homens com problemas psicológicos tem más recordações de seus pais, não pelos maus-tratos recebidos, mas pelo afeto negado. Pesquisas mostram que a presença de um pai frio e afetivamente distante é muito mais nociva e perigosa do que a de um pai ausente. Muitos pais que fazem carinho nos filhos mudam bruscamente quando eles começam a crescer. O pensamento é evidentemente discriminatório: enquanto se pode mimar as filhas com tranquilidade durante toda a vida, com os filhos é preciso ter certos cuidados especiais: "Vai que ele fica afeminado". Desta maneira, de um dia para o outro, sem nenhum tipo de aviso prévio, as regras mudam. O contato físico paternal dá lugar a um novo tratamento, mais duro e distante. Se o menino é sensível, esse corte repentino é internalizado como um rechaço e, com o tempo, se não é compensado de alguma forma, pode se transformar em ressentimento ou dependência compulsiva. A crença irracional de que a ternura, seja materna ou paterna, produz meninos homossexuais, ainda está viva na maioria dos homens. Se o assunto fosse simples assim, os inimigos da homossexualidade já teriam acabado com ela.

Afastar-se afetivamente dos filhos só produz dor e perda. O homem tem as mesmas necessidades afetivas da mulher e precisa das mesmas fontes provedoras de amor. Seja do pai ou da mãe, o que realmente importa para o desenvolvimento psicológico de um menino é a "presença afetiva". A presença física não é suficiente, é preciso dar amor em grandes quantidades para que a tarefa seja bem-feita; o amor deve ser sentido em carne e osso. O pai maternal não é outra coisa que isto: um pai terno, carinhoso, sensível e compassivo, intervindo ativamente nos processos educativos dos filhos, seja sancionando ou seja administrando normas. Um bom pai é notado e faz barulho.

É bom ressaltar que, se a sanção paternal ocorrer no contexto dos sentimentos positivos, o menino integrará a experiência de maneira construtiva. Mas se os castigos do pai acabarem em um vazio afetivo, só deixarão dano e ressentimento. Por tal razão, o respeito ao pai que se origina de uma relação cálida e amorosa sempre estará assentado na admiração e no agradecimento. Por outro lado, os pais que induzem o típico medo autoritário só obtêm acatamento por decreto-lei, uma aceitação obrigada. Quando pergunto aos meus pacientes, mulheres e homens, o que sentem em relação ao pai e obtenho como resposta um simples e conciso "Respeito", durante várias sessões me dedico a investigar o passado deles. Um amor reverencial sempre é duvidoso.

Não obstante, ser mais carinhoso, estar mais comprometido e passar mais tempo com os filhos não é suficiente se não se desfruta disso; fazer de má vontade é pior. Se assumimos a paternidade com culpa ou com um sentido de dever, complicamos a relação. É normal que em certos momentos não queiramos saber deles, que eles nos causem estresse e até algo de estorvo (exercer o ofício de pai não é uma panaceia), mas, se o amor está ativado, a "obrigação" não incomoda tanto. O amor, se é verdadeiro, cura e relaxa. Quando minhas filhas eram pequenas e eu chegava absolutamente esgotado por passar o dia escutando problemas, a chegada era amenizada por uns sonoros: "Papa!", "Papa!", "Papa!". Elas corriam a toda velocidade em direção à porta, saltavam sobre mim e me escalavam como a uma estátua humana. Apesar do meu cansaço, elas sempre sabiam tocar alguma tecla para reativar meu esquecido sorriso. Assim, como que por magia, o cansaço se transmutava em regozijo.

O novo homem quer se comprometer e participar de forma decisiva na criação dos filhos. Contudo, não deseja se anular como pessoa. Ser pai não significa autoeliminação psicológica nem sacrifício cego, mas integração equilibrada de tudo o que a vida representa. Ser pai não significa descuidar da amizade, da recreação, dos passatempos, do casal e da vida profissional. Encontrar o ponto de equilíbrio não é fácil. Estas aspirações masculinas de regressar à paternidade com prudência não são malvistas pelo sexo oposto, ao contrário. Os resultados encontrados até o momento confirmam que, se a paternidade é assumida com empenho excessivo, as mães podem desenvolver certas resistências na hora de compartilhar seu papel. O homem pode ser percebido como um intrometido e um estorvo: "Coentro é bom, mas não demais". Parece que qualquer mudança na paternidade deve se manter dentro de certas proporções e levando em conta o casal. Como é evidente, há um acordo implícito: os novos homens querem reivindicar seu papel como pais, mas não em tempo integral, e as mulheres querem receber a ajuda sem sentirem-se deslocadas.

3. O homem "grávido"

Embora não possamos parir fisicamente, sempre acreditei que nós, pais, também engravidamos. Sem desconhecer as dificuldades evidentes da gravidez física feminina, é bom saber que o homem também passa por um estado de "gravidez psicológica". Nós esperamos, sofremos, fazemos força, nos assustamos, rimos, choramos e fantasiamos em dupla. Estamos o tempo todo ali, sem saber o que fazer e empurrando à distância. Muitos maridos trocariam felizes de lugar com a mulher, ainda que mortos de medo diante da complexidade de um trabalho de parto. É certo que não sentimos o mesmo, mas sentimos. Não estou subestimando o trabalho feminino, mas explicando o que ocorre no interior do homem. Conheci homens que sentem as mesmas náuseas da mulher e que vomitam mais do que elas. Já vi alguns deles terem contrações e outros mudarem a forma de caminhar. Não sei se é uma imitação, uma solidariedade inconsciente ou algum tipo de feromônio feminino detectado apenas pelos homens, mas nos alteramos e descompensamos. Em certo sentido, também damos à luz. À nossa maneira, mas damos. Algo ocorre com o homem em estado de gestação e ainda não conseguimos explicar isso claramente por meio da psicologia.

É curioso ver como reagem os homens diante de suas mulheres à espera de um bebê. Ainda que as respostas psicológicas masculinas à gravidez possam ser variadas e contraditórias, não obstante, apesar da diversidade, é possível definir cinco tipos básicos de homens em estado de gestação.

Um primeiro grupo nem se inteira do que está ocorrendo. Para eles, ter um filho é como comprar um carro ou um problema metafísico de outra galáxia. Não se preocupam nem vivem a espera, mostram-se alheios e totalmente ignorantes em relação ao evento, como se a grávida fosse a vizinha ou o filho fosse de outro. Não há prazer, nem dúvidas, nem medo, nem ciúmes: nada. O problema não é com eles. Quando, por pressão da mulher, se veem obrigados a intervir de alguma maneira, o fazem de má vontade e fazem malfeito. É compreensível que tal atitude gere um rechaço mortal nos familiares da grávida e depressão profunda na mulher. Se há algum vestígio de humanidade latente neles, depois que o bebê nasce e podem vivenciar de uma forma mais direta e real a paternidade começam a se comportar de maneira normal.

Um segundo grupo é formado por aqueles maridos que se apaixonam na gravidez. O sentimento pelas mulheres se faz exponencial. Eles adoram, cuidam, permitem tudo e as amam profundamente, muito mais do que antes da concepção. Nestes homens, como o pacote é duplo, ocorre uma curiosa mistura entre os papéis de pai e esposo: por amarem o filho, amam a esposa e, ao amarem esta, amam o bebê. Afetivamente, uma banda de um homem só e um desperdício de cuidados a mancheias. Não importa o lugar, a hora ou o preço, para eles não há limites: "Seus desejos são uma ordem para mim"; um gênio sem lâmpada, disposto e pronto para o que for preciso. Enquanto durar a gestação, será o melhor genro e o exemplar marido com que ela sempre sonhou, mas, quando nascer o bebê, sofrerá um imediato retrocesso aos velhos costumes afetivos. O "Cinderelo" voltará ao trabalho e à luta diária. Nascido o bebê, se acabará o encanto e, outra vez, ele passará de príncipe a sapo. Para a mulher deste homem, cada parto é uma oportunidade de sentir-se amada, ao menos por alguns meses.

Um terceiro grupo está configurado por pais que se sentem relegados. Estes maridos, ao se inteirarem do estado de suas mulheres, viram paranoicos. Um temor obscuro e egoísta os leva a sentirem-se trocados antes do tempo. O pensamento deles é de que este novo ser roubará o carinho da mulher ou, ao menos, os reduzirá em importância. A relação com o bebê é claramente ambivalente e competitiva. Ainda que eles dissimulem bem, essa preocupação é aparente. Perguntam pouco, intervêm o mínimo, evitam o tema e tentam que a mulher se aproxime mais deles a cada dia não por amor, mas por medo de perder privilégios. Esses homens desenvolvem um ciúme filial. Embora no começo não aceitem muito o recém-nascido, ao cabo de alguns meses resignam-se a compartilhar o amor e os cuidados da mulher com o novo invasor.

O quarto grupo é o formado por aqueles maridos que demonstram rejeição pela mulher grávida. O desgosto se faz evidente. Estes homens, ao saberem que serão pais, sofrem uma profunda transfiguração emocional: se antes eram maridos ternos e delicados, agora não o são. A mera aproximação da mulher produz incômodo. Alguns sentem repulsa diante da simples ideia de fazer sexo e outros, de maneira totalmente irracional e infundada, sentem medo de machucar a criatura que está a caminho. Não sabemos com certeza por que esse fenômeno ocorre, mas nessa etapa de engorde uma porcentagem considerável de homens decide ser infiel. Mais ainda, muitos casamentos se desbaratam nessa época. O marido, que havia sido austero em questões femininas, se converte em um Don Juan empedernido, ávido de novas experiências e sem qualquer consideração com a situação da esposa. Não é que sejam antipáticos e grosseiros de propósito, simplesmente não conseguem. Podem assumir suas responsabilidades e se preparar para receber a criança da forma adequada, mas o desamor que sentem pela mãe de seu futuro filho é evidente e dói. Um ambiente de frieza, até então desconhecido, envolve o casal. Essas mulheres costumam encarar a possibilidade de outra gravidez com verdadeiro terror.

Por fim, o quinto grupo está formado pelos homens que desfrutam saudavelmente da experiência da paternidade sem envolver o casal de forma patológica. Apesar do nervosismo natural que acompanha o acontecimento, a alegria é completa. A relação com as esposas não muda substancialmente, embora a qualidade dos cuidados melhore (agora são dois), e eles não estabelecem laços de insegurança ou dependência extrema. Para os homens maduros e equilibrados, a gravidez é uma boa oportunidade para estreitar novos vínculos com a mulher amada e melhorar os anteriores.

O direito ao amor

O homem, por mais que o pintemos como supermacho insensível, enquanto pessoa tem a capacidade inata de intercambiar afeto. O amor é a rede sutil em que se assenta a convivência e o lugar no qual prospera o essencialmente humano. Quando o amor ocorre, nos misturamos e nos comunicamos de muitas formas. É no amor que os valores se certificam e a linguagem cobra significado.

O direito ao amor livre e responsável é tão importante como o direito à saúde e à alimentação. Sem a opção do amor a porta da vida se fecha, tal como confirmam as doenças psicológicas que se originam nas perdas e na solidão afetiva; no desamor, só há desolação. Perder a possibilidade de ser mediadores e "sentidores" do amor é desconhecer milhões de anos de evolução e negar-se a dar o grande passo que define o sentido do humano. É na vinculação com os outros que verdadeiramente nos reconhecemos. Não existe sabedoria se não há relação.

A espécie humana é incrivelmente sensível à vivência amorosa. Cada um de nós se comporta como uma antena por meio da qual o amor passa, entra, sai e volta a entrar. Repito: o ser humano é um facilitador natural de afeto e um promotor inato de intercâmbio emocional. O masculino e o feminino, então, são modalidades idiossincráticas de refração afetiva: duas caras da mesma moeda. Embora possam haver diferenças de forma, ambos pulsam e reagem ao impacto energético do amor.

A nova masculinidade tem clara consciência dos obstáculos que não permitiram a ela realizar-se no amor interpessoal e, por isso, tenta superá-los. Exercer o direito ao amor é resolver o dilema emocional interior em favor da ternura, sem eliminar a ira saudável que, por direito próprio, nos pertence. É se aproximar do feminino de maneira construtiva e sem oposições desgastantes, é se permitir o direito à intimidade que gera a paternidade maternal com os filhos, sejam meninas ou meninos, é deixar de rivalizar e competir ridiculamente com outros homens e fomentar de maneira aberta a amizade entre homens.

Por último, o direito ao amor é colocarmos nossa bioquímica para trabalhar na direção certa e sermos capazes de chorar, abraçar, acariciar, contemplar, rir, mimar e sorrir, se nos dá vontade de fazê-lo. É poder sentir com maiúsculas, sem censuras e de cara limpa a humanidade que nos pertence. Nos emocionarmos ao compasso de outros é dar à nossa vida uma nova sintonia e descobrir que a solidão afetiva não é outra coisa senão uma má escolha. Nas palavras do indiano Swami Vivekananda: "O que é o amor humano? É mais ou menos uma afirmação desta unidade: sou um contigo, minha esposa, meu filho, meu amigo!".

TERCEIRA PARTE
A SEXUALIDADE MASCULINA

Um problema a ser resolvido

A dependência sexual masculina

O desejo irresistível e desenfreado pelas mulheres é uma realidade que afeta todos os homens. A grande maioria de nós, cedo ou tarde, rende-se ao irreprimível impulso que nos induz, impiedosa e insensivelmente, não apenas à reprodução, mas ao prazer do sexo pelo sexo. A dependência sexual masculina se faz evidente no erotismo que permeia praticamente toda a nossa cultura: a demanda é desesperada e a oferta não tem limites. O aumento alarmante de estupros, prostituição, abuso infantil, assédio sexual e consumo massivo de pornografia violenta, entre outros indicadores, evidencia que o tema da sexualidade escapou das nossas mãos. A prevalência de parafilias (um tipo de transtorno sexual) produzidas violentamente contra a vontade de outras pessoas, como o sadismo sexual e a pedofilia (preferência sexual por crianças), aumentou ostensivamente. Nós, homens, mantemos uma liderança definitiva nos desvios sexuais, sejam eles perigosos, simpáticos ou inofensivos. No masoquismo – que é onde estamos menos mal – superamos as mulheres na proporção de vinte para um. As outras alterações, como o exibicionismo, o fetichismo (atividade sexual compulsiva ligada a objetos inanimados como roupas, sapatos, lingerie etc.), o voyeurismo (observar ocultamente atividades relacionadas com o sexual), o travestismo, o sadismo e a pedofilia de que já falei, não parecem existir em 99% das mulheres. Pelo contrário, os chamados transtornos do desejo sexual – a falta de desejo sexual – são muito mais frequentes em mulheres do que em homens.

O sexo exerce sobre nós, homens, a maior fascinação. E de uma maneira nem sempre consciente, pensamos quase o dia inteiro nisso. Gostamos, nos atrai, sentimos falta, necessitamos dele como do ar e, o mais importante, o exigimos. Se algum ousado homem decide eliminá-lo de uma vez por todas, sem cirurgias e com vontade plena, a tarefa costuma ser grande demais; ninguém está isento. Enquanto uma mulher normal pode ficar tranquila durante meses sem sexo, o homem normal, ao cabo de um mês, um mês e meio, começa a sentir uma inquietação interior que logo se transforma em incômodo e, mais tarde, em barbárie. A libido começa a nublar a vista e a maltratar o organismo, até a inteligência começa a diminuir. Um mau humor e certa irritabilidade impossível de ocultar afetam o entorno imediato, sobretudo quando amanhece. A maioria dos homens, salvo honrosas exceções como os eunucos e alguns celibatários, não sabe nem consegue viver sem essa tremenda força vital funcionando. O sexo nos toma tempo e energia demais. Se isso não é um vício, é muito parecido. A famosa frase de Cesare Pavese: "Nós, homens, estamos loucos, a pouca liberdade que nos concede o governo, nos tomam as mulheres", adquire especial significado no que se refere à sexualidade.

A nova masculinidade quer canalizar essa primitiva e encantadora tendência. Jamais eliminá-la, não é demais lembrar, mas reestruturá-la, reacomodá-la e ter um controle mais saudável sobre ela. Não estou falando de transformar o homem em "assexuado", isso não seria natural – gostamos de sexo e isso não está em discussão. Refiro-me a romper com o vício, a gostar mais do próprio corpo e a diluir um pouco mais o sexo no amor para ver o que acontece. Nem a restrição puritana, chata e pouco criativa que flagela e torna maligna a natural expressão sexual, nem a decadência da sexualidade manifesta em um afã compulsivo e desordenado pelo êxtase, que não nos deixa pensar e nos arrasta à humilhação.

Três aspectos colaboraram para que o vício e a decadência da sexualidade masculina sejam uma realidade: o antropológico-social, o cultural-educativo e o biológico. Embora todos estejam entrelaçados, vou separá-los para que sejam melhor vistos.

Um primeiro fator é encontrado no *culto ao falo.* Desde tempos imemoriais e em quase todas as culturas, estatais, tribais e pré-estatais, existiram cerimoniais de veneração ao membro masculino, ao seu tamanho e às suas funções mágicas. A mitologia grega e romana está cheia de enredos amorosos em que os deuses machos usam e abusam de seus atributos sexuais. Também muitas divindades menores e criaturas eróticas, como os sátiros e silenos, os faunos, perseguidores incansáveis das ménades, e também os Hermes, eram marcadamente fálicas. Mas, sem dúvida, os maiores adoradores do falo foram os romanos. A festa anual do deus Líber estava representada por um tronco em forma de falo, da mesma forma que o Matunus Tununus, que concedia fertilidade às recém-casadas. Um deus especialmente reconhecido no panteão romano era Príapo, filho de Vênus e Baco (aquele dos famosos bacanais), cuja imagem física marcadamente desproporcional deixaria boquiaberto a mais de um especialista em efeitos especiais. Em sua honra, inclusive, foi dado o nome de *priapismo* a uma condição caracterizada pela ereção constante e dolorosa do pênis, que pode durar horas e requer intervenção médica. Os amuletos de aparência fálica eram de uso comum e o melhor antídoto contra o mau-olhado. Considerava-se, além disso, que qualquer objeto em forma de falo colocado sobre as portas exercia um papel protetor. A representação do pênis ereto aparecia em toda decoração de casa romana e pela cidade inteira. Sua utilização, no entanto, não obedecia a intenções pornográficas, mas à crença de que o falo era um símbolo saudável de vida.

A adoração fálica adotou distintas formas rituais ao longo da história. Em certos povos primitivos, as mulheres se esfregavam sobre pedras verticais fixas chamadas menires para assim aumentarem a própria fertilidade. As culturas pré-colombianas e americanas estão cheias de figuras fálicas, destacando seu poder curativo e milagroso. O pênis às vezes também se envolvia em batalhas. Os historiadores relatam como os guerreiros celtas se lançavam ao ataque totalmente desnudos e com seus membros viris em ereção, como prova de vigor e potência, com o objetivo de impressionar os inimigos (algo similar ocorre entre os primatas). Em épocas mais recentes, a veneração fálica se fez mais sutil. Aparentemente, trata-se de um efeito paradoxal: quando a cultura reprime ou tenta bloquear excessivamente a sexualidade, ela se desvia para formas mais indiretas de expressão artística, religiosa e social. Por exemplo: na Inglaterra vitoriana, sob o império da flagelomania, a moda ressaltava exageradamente as figuras femininas mediante o uso de espartilhos e peças superajustadas que hoje poderiam escandalizar muitas senhoras. Por sua vez, os projetos mobiliários estavam sobrecarregados de curvas sinuosas, eróticas e evidentemente sensuais. A sexualidade é o instinto que menos se dobra.

Muitos pensadores, religiosos, cientistas e filósofos também contribuíram para a devoção fálica. Alguns, como Aristóteles, chegaram a atribuir ao sêmen propriedades celestiais, considerando-o um fluido metafísico e a essência da vida e da identidade. Nessa época, o pênis se converteu no portador dos fluidos cinéticos em estado puro: uma expressão da divindade. A mulher era considerada um simples reservatório material, um mal necessário para que o homem pudesse transmitir a alma. A personalidade e as características herdadas eram responsabilidade apenas do sagrado líquido masculino. Outros, como Santo Agostinho e Leonardo da Vinci, atribuíam ao pênis vida própria e alertavam sobre os perigos e outras consequências interessantes de o falo atuar de acordo com a própria vontade. O primeiro, uns mil anos antes, mais recatado e religioso, aconselhava o controle voluntário, a discrição e a procriação sem prazer para controlar o pequeno travesso. O segundo, mais científico e menos recatado, sugeria menos vergonha e mais exibicionismo masculino: vesti-lo e adorná-lo como se fosse uma pessoinha e mostrá-lo com orgulho. Mas, tanto para um quanto para o outro, o pênis era algo que tinha vida própria, e eles tinham algo de razão se considerarmos que a ereção é um fenômeno puramente automático.

A segunda causa devemos buscar nos padrões de *educação sexual do homem*, se é que eles existem. A sociedade ocidental é indubitavelmente discriminatória em relação à mulher. A cultura não só é mais tolerante e permissiva diante da sexualidade masculina, como a promove e a anima. É bem-visto que o homem dê mostras precoces de sua capacidade de procriação: "Macho como o pai", e não se enxerga muito bem o homem casto e sem experiência sexual. Muitas mulheres ainda esperam que seja o homem a ensiná-las. O mundo das recém-casadas está repleto de esposas decepcionadas com a escassa habilidade dos maridos. Algumas chegam a crer que a lua de mel é uma espécie de curso sexual intensivo, em que podem ensaiar jogos e lutas greco-romanas criadas e supervisionadas por um marido cheio de experiência. A contradição aponta claramente: enquanto por um lado temos a sexualidade masculina nos jovens como uma prova de virilidade, a ética e a moral religiosas pregam a abstinência como uma virtude recomendável tanto para a alma quanto para o corpo. Não obstante, a maioria dos pais e das mães, inclusive os mais estritos em questões normativas relacionadas à moral e aos bons costumes, costumam fazer vistas grossas e deixar que o pobre rapaz se desafogue de vez em quando, claro, com a devida dignidade.

Um dos maiores medos dos pais é ter um filho homossexual. Por isso, quanto mais mostras de heterossexualidade oferecer o descendente, melhor. Lembro que quando meu primo tinha cinco anos indagou ao pai, um imigrante napolitano e machista, se era verdade que os homens também podiam fazer sexo entre si. Aterrorizado com a pergunta, meu tio decidiu cortar o mal pela raiz e criar uma imunidade vitalícia:

– Cuidado! Os homens que fazem isso ficam paralíticos.

Foi taxativo e contundente. Meu primo e eu nos olhamos como que dizendo: "Que interessante!". O problema foi que nosso conselheiro sexual não previu as consequências do que disse. Poucos dias depois, enquanto esperávamos num sinal vermelho, vimos passar um senhor de meia-idade em uma cadeira de rodas. Ficamos muito impressionados. Estávamos observando a prova viva da depravação masculina. A marca do pecado transformada em realidade desfilava tranquila e descaradamente diante dos nossos olhos. Não só não conseguimos dissimular nossa surpresa como decidimos tomar partido e ser solidários com a causa dos machos de verdade. Na hora, colocamos a cabeça para fora da janela do carro e, diante do olhar atônito do pobre homem e dos demais transeuntes, começamos a berrar todas as típicas ofensas:

– Bichinha! Bichinha! Tarado! Já sabemos o que você fez, veadinho!

Enfim, os berros foram tão efusivos e explícitos que meu tio passou com o semáforo fechado mesmo, não sem antes perguntar se havíamos enlouquecido. Acabamos precisando de várias sessões extras de "educação sexual" para compreender que a coisa não era tão drástica e que havia exceções. Na realidade, de acordo com a experiência de meu tio, somente *alguns* homens que faziam amor com outros homens ficavam paraplégicos.

Deveríamos ser mais sinceros com nossos filhos. Muito além de qualquer juízo de valor a respeito disso, é preciso preparar melhor os pequenos homens para enfrentar a vida sexual. É tido por certo que o homem vem, desde o nascimento, com o dom sexual dentro de si e, apesar da existência desse instinto ser inegável (é possível detectar ereções em fetos desde os sete meses), não é suficiente para que haja um bom desenvolvimento psicossexual. A informação inadequada e distorcida sobre o tema cria uma ambivalência ético-biológica (pecado versus prazer) que costuma se dissimular em uma vida dupla culturalmente aprovada e amparada no casamento: esposa e amante. Uma educação sexual masculina honesta, sem mentiras nem falsos princípios, ainda está por ser construída. O problema é que não parecem haver muitos instrutores dispostos a ajudar. Enquanto isso, milhões de homens treinam e aprendem a complexa arte da infidelidade, sem serem vistos.

Uma terceira variável que predispõe marcadamente ao vício está relacionada ao *prazer biológico*. Tratando de não cair em reducionismos organicistas, entre homens e mulheres há uma contundente diferença biológica no que se refere à relação que se estabelece entre prazer sexual e procriação. Ainda que no homem o gozo sexual nem sempre esteja atrelado à ejaculação, já que pode haver orgasmo sem ejaculação ou vice-versa, na quase totalidade dos casos orgasmo (prazer) e ejaculação andam de mãos dadas. Isso significa que, para procriar de maneira natural (esqueçamos por um instante os bebês de proveta e a fertilização in vitro), o homem só pode fazê-lo a partir do prazer. Se não há excitação, é bastante difícil, se não impossível, depositar os espermatozoides necessários para que se dê a concepção. Viemos equipados para sentir o sexo de maneira intensa e vigorosa. Há pouco tempo, quando os métodos artificiais de procriação estavam ainda engatinhando e a natureza era quem mandava, a conclusão era definitiva: se acabasse o prazer sexual, a espécie se extinguiria. Esta hipótese, muito além de desculpar ou justificar qualquer excesso sexual masculino ou o atropelo dos direitos femininos, simplesmente poderia estar indicando uma das causas do escasso autocontrole masculino frente à própria atividade sexual.

A mulher funciona diferente. Embora tenha uma grande capacidade de sentir e desfrutar do sexo tanto ou mais do que nós, o orgasmo feminino não é uma condição biológica direta para a concepção. Milhares de gestações produzidas por estupros atestam isso, como também aquelas mulheres anorgásmicas que são mães; isto é irrebatível. O desejo sexual pode induzir a mulher a ter mais relações e assim aumentar a probabilidade de engravidar, mas isto não implica que o orgasmo intervenha diretamente na gestação. Galeno pensava que existia um sêmen feminino imprescindível à procriação que, ao juntar-se com o sêmen masculino, formava o embrião. Esta posição era muito feminista para a época, já que, ao ser o orgasmo feminino um requisito essencial para a fecundação, os moralistas cristãos daqueles tempos não tinham outro remédio senão aceitar o prazer feminino e reivindicar o direito da mulher de senti-lo. Contudo, a posição de Galeno não apenas se chocava com a realidade, mas também com os respeitadíssimos e temíveis dogmas aristotélicos que diziam o contrário. Ao final da Antiguidade, Aristóteles foi o vencedor, tal como atestam São Jerônimo e Santo Agostinho, e inclusive Alberto, o Grande, no século XIII. Mas nos séculos XVI e XVII, os médicos, mais orientados para o desenvolvimento científico, e um grupo importante de filósofos retomaram novamente a teoria de Galeno. A discussão seguiu por várias centenas de anos, sem definições drásticas e tratando de ficar de bem com os padres da Igreja Católica e com a ciência médica. Ademais, a coisa tinha um claro matiz ideológico, porque ninguém podia duvidar de um prazer sexual feminino, mas ele devia ter alguma utilidade para a procriação para que pudesse ser aceito pela doutrina cristã. Por último, para resumir, a saída diplomática intermediária entre Galeno e Aristóteles foi reconhecer salomonicamente que, embora o gozo feminino não fosse condição para a fecundação, o era para a sua perfeição: dizia-se que as crianças concebidas com o prazer sexual feminino eram mais saudáveis e perfeitas do que as concebidas sem isso.

Atualmente, parece haver um consenso de que o aporte biológico feminino para a sobrevivência da espécie, mais do que o orgasmo, é o afeto e o amor para com o recém-nascido. Não falo de instinto maternal freudiano tradicional, mas da importância que a proximidade afetiva adquire para a conservação da vida em todo o processo de gestação e criação e mais além dele. O amor intenso da mãe não só garante o cuidado pré-natal, mas a complexa aprendizagem social posterior da criança (a mais prolongada entre todas as criaturas viventes). No pacote genético, a mulher traz uma marcada predisposição para desfrutar do "dar afetivo", e não me refiro ao pernicioso conceito de abnegação, determinista e autodestrutivo, a que costumavam agarrar-se nossas avós, mas ao ato de amar com decoro. A maior profundidade afetiva da mulher com relação ao homem é um feito. O quanto ela se deve a fatores genéticos ou sociais é algo que ainda estamos por ver.

A perspectiva apresentada mostra claramente que, na conformação da dependência sexual masculina, o biológico e o cultural se entrelaçam de maneira complexa. Contudo, apesar de sua longa e esmagadora tradição, esta tendência negativa está começando a ser revertida. Uma sexualidade masculina que se desenvolve fundamentalmente longe do vício e mais perto do afeto está sendo gestada. Este coquetel, assombroso e estranho para muitos homens, resulta em uma nova e interessante forma de êxtase, mais intensa e impactante e muito mais saudável. E é algo natural, pois quando a energia sexual masculina se funde com a do amor ocorre uma grande explosão interior que excede todo o apego e nos coloca no umbral da transcendência. Na realidade, quando esta comunhão se dá estamos tão perto da iluminação que não podemos fazer outra coisa senão morrer de rir.

O QUÃO IMPORTANTE É O AFETO PARA A SEXUALIDADE MASCULINA?

1. Primeiro sexo, depois afeto

Se uma desconhecida muito atraente, tipo Kim Basinger ou algo assim, pedisse de cara a um homem comum para fazer sexo com ele, não imagino o sujeito dizendo:

"Não sei, acabamos de nos conhecer" ou "Sou casado" ou "Faça-me o favor, me respeite! Quem você pensa que eu sou?" ou "Lamento, Kim, mas eu não te amo". A grande maioria dos homens, diante de tal dilema, não hesitaria por um instante em se arriscar, sem se importar muito com as consequências – ao menos, não haveria muita repulsa. Mais ainda, o estereótipo social de homem viril e disposto não deixa muitas opções: um homem que não aceite as insinuações femininas é definitivamente "duvidoso", além de pouco cavalheiro. Essa é a premissa de todo bom garanhão que se preze.

A beleza física de uma mulher coquete pode chegar a idiotizar os homens. Lembro do impacto que produziu a atriz Sharon Stone no filme *Instinto Selvagem*, quando fez aquela inesquecível cruzada de pernas, aparentemente sem a roupa de baixo. O impacto nos homens foi de tal magnitude que depois de meses ainda se escreviam artigos, se faziam programas, mesas redondas e todo tipo de fóruns para debater a audiência angariada pela bela atriz. Ainda hoje a imagem segue aparecendo em diferentes peças de publicidade com o claro propósito de ativar a libido masculina. Mais recentemente, um desfile de lingerie causou rebuliço no país porque uma jovem modelo desfilou com um biquíni fio dental e duas minúsculas florzinhas em cada seio. Todos os meios de comunicação dedicaram um espaço considerável para comentar as profundas implicações do tamanho da peça, as pernas, os quadris, o busto da jovem e como estavam bem presas as florzinhas que cobriam os mamilos. Os entrevistados homens, jornalistas de renome internacional, não só perdiam a compostura, mas parte de seu reconhecido talento. Alguns diziam "admirar" os quadris, outros "respeitavam" a rótula, a fíbula e a tíbia da entrevistada, e a maioria emitia sons guturais enquanto reverenciava as proporções cintura-quadris da encantadora moça. As perguntas mais sensatas vinham das jornalistas mulheres.

Sempre me perguntei o que pode sentir uma mulher atrativa e com um corpo bonito em um mundo de homens desesperados para possuí-la. Suponho que, por um lado, uma sensação de poder tremenda e, por outro, o excesso do assédio sexual. Mas também, de alguma maneira, deve estar presente o medo de envelhecer. O culto à beleza feminina, instaurado pelo desejo masculino e mantido pela ferina crítica das próprias mulheres, criou um culto à juventude e às proporções que beira o obsessivo. A sagaz Agatha Christie caricaturizava assim a coisa: "Um arqueólogo é o melhor marido que uma mulher pode ter; quanto mais velha ela ficar, mais interesse ele terá nela". É de nos perguntarmos o que poderia ocorrer psicologicamente com um homem muito bom-moço e sexy frente a uma feminilidade na qual, embora exista a sexualidade, o afeto tem muito peso. Parece que as mulheres são mais benevolentes com o nosso físico.

Os fatos falam por si: *o afeto parece não ser tão importante para os homens na hora de estabelecer relações sexuais, ao menos no início.* Contudo, à exceção dos famosos "caprichos genitais", o afeto é o principal fator de manutenção do sexual. Ou, dito de outra forma, o amor garante a duração do desejo. Não importa quantas cirurgias, lipoaspirações e mesoterapias faça a mulher: se o homem não a ama, cedo ou tarde a chama se apaga. Os métodos artificiais, se não têm efeito algum, apenas prolongam a agonia do desejo: *o amor é o melhor cirurgião plástico.*

Quando um homem se satisfaz sexualmente com uma mulher por quem sente apenas atração física, ao cabo de um tempo fica apavorado. Escapa imediatamente, porque uma vez eliminado o fisiológico fica apenas o fastio, a saciedade e o desgosto. A mulher que minutos antes poderia ter feito a ele o que quisesse perde de imediato seu poder e a vantagem se inverte. A ejaculação leva embora toda a atração e o homem fica, por assim dizer, aliviado e livre de todo apego (ao menos por algumas horas ou dias, até que os hormônios voltem a se alvoroçar). Mas se há amor, o fastio pós-coito não existe. Pelo contrário, quando o afeto está presente, depois do sexo nasce uma calma compartilhada, uma vontade enorme de abraçar e aconchegar a mulher que nos fez feliz. Não existe asco nem paixão, apenas muita ternura.

Nós, homens, não apenas somos capazes de separar o sexo do afeto, como às vezes os fazemos tomar rumos opostos. Como diziam alguns avozinhos de antigamente: "A esposa é para respeitar, e a amante para gozar". Muitos homens se apaixonam por um corpo e ficam atados exclusivamente ao prazer que lhes brinda essa compatibilidade física, quase que morfológica, em que nem sequer a beleza tem muito peso. Isso não é amor, mas obstinação sexual. Pode-se babar de desejo, mas é impossível apaixonar-se por uma estrutura óssea e corporal isolada de quem a carrega. Podemos nos aderir como uma hera, mas nada mais do que isso. O que se ama é a essência do aspecto físico aparente. No contexto do amor, a pele acaricia. No sexual, somente excita.

Que peso têm na atração masculina outros aspectos como personalidade, inteligência, humor, amabilidade e outros atributos físicos? A resposta é clara: para que um homem se apaixone, a maneira de ser da mulher é determinante. Se o desejo ficar isolado de qualquer outra afinidade, não haverá relação afetiva senão sexo em estado puro. Quando conhecemos uma mulher muito bonita, mas sem outros atrativos, automaticamente nos convertemos em seres fisiológicos com um só objetivo em mente. Mas se gostamos da mulher também em um sentido psicológico e/ou espiritual, ainda que o objetivo inicial não costume desaparecer, nos tornamos mais afetivos e menos sexuais. De toda forma, salvo exceções, a regra fica definida da seguinte maneira: *o homem entra pelo sexo e, se encontra algo que gosta, chega ao amor. Se não é assim, vai embora. A mulher entra pelo amor e, se tudo vai bem, chega ao sexo. Quando a coisa funciona, os dois se encontram na metade do caminho.* Nós, homens, temos claro que se a mulher nos agrada como pessoa, o desejo sexual simplesmente é a chave para seguir avançando. Inclusive, muitas vezes aquela que mais nos agrada não é a mais sexy – ainda que esta última siga ativando nossa testosterona.

2. O equilíbrio afetivo-sexual na vida a dois

Por tudo o que já foi dito até aqui, fica claro que a relação que se estabelece entre sexo e afeto, e as ponderações que homens e mulheres fazem a respeito disso, é determinante para a compreensão de muitos problemas de casal. Para a maioria dos homens, uma relação afetiva sem sexo é inconcebível e, além disso, insuportável. Para as mulheres, uma relação a dois sem carinho é insustentável e aterradora. Não quero dizer que o sexual não seja importante para elas, e sim que sem afeto é incompleto. Os problemas começam quando se rompe o equilíbrio entre as necessidades de um e de outro. Muito amor e nada de sexo, ou vice-versa, predispõem à ruptura.

G. e R. estavam casados havia quinze anos. Ela (G.) era uma mulher de 35 anos, arquiteta e excelente mãe de três filhos. Ele (R.) era um profissional de finanças de 37 anos, economicamente bem-sucedido e muito bom pai. Apesar de terem todas as condições em favor deles, algo andava mal, ou muito mal. R. sentia-se sexualmente insatisfeito:

"Ela é uma mulher muito fria. Não é que não aceite ter relações, inclusive toma a iniciativa, mas é que não se solta. Imagine você que fazemos sexo uma vez por mês. Creio que ela nunca chegou ao orgasmo. Gostaria que ela fosse mais sensual, mais atrevida, mais ardente. Sonho com uma mulher mais apaixonada, que goste de ser criativa na cama e que não veja a relação sexual como uma obrigação, mas como o melhor dos desfrutes. Outro dia mesmo pedi que fizesse um striptease para mim e ela quase me matou. Me pergunto o que custa ela fazer se sabe que isso me faz feliz? É como se eu tivesse fome e ela se negasse a me dar o pão que lhe sobra. Estou cansado desta situação. Você entende que, se a coisa seguir assim, não responderei por mim?"

G. estava igualmente ou mais insatisfeita, mas por outra razão:

"Às vezes o odeio. Ele ainda não conseguiu entender que as mulheres precisam de carinho e afeto. Não sei se sou eu a antiquada, mas os ambientes românticos me inspiram. Não gosto disso de vir e montar em mim feito um animal. Preciso de ternura, carinho. Preciso sentir que ele me admira e me quer. Não entendo por que não me dá o que necessito. Às vezes acho que já não me ama (choro prolongado). Se ele quer alguém que faça loucuras na cama, que procure uma prostituta! Ele nunca tem uma palavra bonita para mim. Os homens me olham, sei que sou atraente, mas sou fiel. Eu o amo de verdade, mas se a coisa não mudar acho melhor nos separarmos."

Eles estavam imersos na disputa sem fim: sexo versus afeto. Alguém tinha que começar a ceder. Mas R. tinha sido criado em uma família muito pouco comunicativa e expressiva. Sua maneira de expressar afeto era muito restrita, e ele não era uma pessoa assertiva no amor. G. havia sido educada sob os padrões religiosos tradicionais, e sua família era arquiconservadora. Ela demonstrava uma certa timidez e uma evidente inibição diante de tudo o que tinha a ver com sexo. Para ela, o afeto era uma espécie de refúgio para lidar com a ansiedade e poder viver mais tranquilamente a sexualidade. A paralisação era dos dois lados. O verdadeiro medo de fundo era o mesmo: não satisfazer o cônjuge. Quem deveria dar o primeiro passo?

Depois de várias sessões, R. reconheceu que era ele quem devia iniciar o processo terapêutico. Os bloqueios psicológicos que G. apresentava necessitavam de muita paciência e tempo e, embora os impedimentos afetivos de R. também mostrassem um grau de dificuldade considerável, era mais fácil para ele abraçar, beijar e acariciar do que ela se liberar sexualmente. *O afeto é a porta que deve ser aberta primeiro em todos os conflitos de casal.* Quando R. foi mudando, G. acompanhou isso. Às vezes havia retrocessos, mas lentamente, e guiados pelo vínculo que os mantinha unidos, conseguiram se ajustar. Creio que G. jamais dançará a "dança dos sete véus" ou visitará escondida um espetáculo pornô, mas ela conseguiu avançar significativamente em sua capacidade e exploração sensorial. R. teve de fazer um esforço para compreender que "sexo não é igual a orgasmo", ampliar sua vivência da sexualidade para dar espaço a mais coisas. Seu treinamento consistiu em entender o funcionamento sexual feminino a partir de uma nova perspectiva. Ele aprendeu a criar a ambientação propícia para que G. se sentisse cômoda, a acariciá-la, a converter a paciência em parte fundamental do prazer e a ver a sexualidade como parte do amor. R. assimilou uma nova maneira de desfrutar. De fato, ao ver que ela sentia prazer, mais se motivava a seguir com as recomendações, que mais do que exercícios sexuais do tipo Masters e Johnson eram estratégias de aproximação afetiva. R. descobriu algo muito importante para qualquer ser humano, mas especialmente para os homens: *se quiser receber, é preciso dar.*

Para a grande maioria das mulheres, o afeto pode ser tão excitante como a mais poderosa das fantasias masculinas. De fato, se criamos um vínculo afetivo sólido, tudo é possível. Se o homem se converte em um doador sincero de afeto, estará abrindo portas desconhecidas. E se além disso contar com algo de sorte, descobrirá que por trás de sua doce e recatada esposa possivelmente se esconde uma Afrodite louca, com um toque de Cleópatra e muito de Messalina.

3. O bom amante

Muitos homens inseguros e com problemas de autoestima aproximam-se do sexual com a ideia de provarem para si o quão homens são. Quando topam com uma feminista descolada, que exige prazer sexual do macho, esses homens não aproveitam, envolvidos que estão em cumprir o papel de desmedido e incansável amante, que mais parece um "vibrador" automático do que um homem fazendo amor. Ainda existem homens que medem o próprio valor pelo rendimento sexual quantitativo que conseguem alcançar. Por exemplo, uma crença que ainda se alimenta no âmbito masculino é a de que a ejaculação retardada é uma das qualidades básicas que todo amante deve ter para satisfazer uma mulher: "Quanto mais demoro, mais elas gozam". Esta afirmação, além de incorreta, mostra um claro desconhecimento sobre o feminino. Para a maioria das mulheres, o ejaculador retardado, ainda que possa produzir satisfação sexual, deixa sérias dúvidas afetivas: "Será que ele não me deseja ou eu não o agrado o suficiente e por isso ele demora para ejacular?" ou "Se realmente me desejasse muito, não aguentaria tanto". Um homem que dura bastante não é sinônimo de bom amante, longe disso. Algumas mulheres, inclusive, chegam a preferir um ejaculador precoce porque assim sentem-se mais desejadas: "Prefiro saber que ele morre de tesão por mim a me satisfazer sexualmente sem que ele possa aproveitar".

Vale a pena ressaltar que o desempenho sexual masculino é especialmente sensível e facilmente alterado por diversas variáveis que nem sempre são afetivas. Por exemplo, a impotência pode estar relacionada com ausência de desejo, mas também com um desejo incontrolável que produz no homem o medo de fracassar e assim enfraquece a ereção. O estresse, um sono ruim, o cansaço, o excesso de exercícios físicos, má alimentação, as preocupações e os problemas bancários, entre outras muitas causas, podem ser tão bons ou melhores em prognosticar o transtorno do que o desamor. Recordemos que, para o homem comum, o sexo nem sempre vem junto com o afeto. Um conselho útil para as mulheres: *o comportamento do membro viril não parece ser um bom teste para medir o amor interpessoal.*

Uma sexualidade mais saudável deve começar acabando com o mito do garanhão e exercer o livre direito de fracassar na cama, ao menos do ponto de vista do rendimento sexual. É absurdo medir o homem pelo número de orgasmos e de espermatozoides por minuto. Em determinados setores da população latina, ainda se escutam qualificativos como "Fulaninho *não dá no couro*", referindo-se a homens estéreis ou pouco dispostos ao coito. A importância da linhagem e da discutível honra de transmitir o sobrenome criaram uma valorização excessiva do atributo reprodutor. Enquanto a mulher infértil é vista com pesar e consideração, o homem estéril é avaliado como defeituoso e incompleto. Um homem que não é reprodutor não é tão homem assim. Considerando a importância excessiva que a sociedade outorga à potência reprodutora masculina, é apenas compreensível que os homens com esse tipo de dificuldade desenvolvam depressão, ansiedade, culpa e sérios problemas de autoestima. Eles veem a si como imperfeitos, carentes de hombridade e com uma espécie de "invalidez viril" que os impede de merecer o amor feminino.

Para consolo de alguns, no entanto, o drama da esterilidade masculina parece ser um problema mais generalizado: *a qualidade e quantidade de sêmen está diminuindo assustadoramente nos homens.* Nos últimos cinquenta anos, o homem normal teve o número de espermatozoides por mililitro reduzido pela metade (de 113 milhões em 1940 para 66 milhões em 1990), assim como o peso dos testículos. Alguns pensadores, futurólogos machistas e vanguardistas, creem que, muito além dos recipientes plásticos, das cuecas apertadas ou dos fatores ecológicos, a verdadeira razão dessa significativa redução espermática reside em uma estratégia evolucionista para deter a natalidade e para desmontar o monopólio sexual feminino. Outros pensam que é a oportunidade para separar a paternidade responsável da irresponsável. A verdade é que ainda não sabemos as razões desse preocupante descenso que, caso siga assim, prognosticaria uma esterilidade global nos homens do planeta na próxima metade do século.

O bom amante, se interessa a alguém sabê-lo, não se mede pelo tamanho do pênis (não tem nada a ver), nem pela ejaculação retardada (isso não é outra coisa senão uma disfunção sexual tão preocupante como a ejaculação precoce), nem pelo número de orgasmos por minuto (isso é mais importante nos ratos e nos gorilas). É preciso procurar o bom amante no "antes" e no "depois" do ato sexual, nas preliminares e nas despedidas. O bom amante é um homem que ama bem, que joga uma e outra vez com as diferentes facetas do amor, sem desligá-lo do prazer. É o que se entrega plenamente, mas também o que sabe receber sem restrições. Nem narcisismo insuportável (exclusivamente receptor sexual-afetivo) nem submissão decadente (exclusivamente doador sexual-afetivo). A nova sexualidade masculina é uma experiência encantadora e fascinante, que necessariamente deve ser conduzida a quatro mãos e a todo vapor. Em seu *Informe sobre carícias*, o poeta Mario Benedetti explica lindamente a importância desse "toque" especial:

> *1*
> *A carícia é uma linguagem*
> *se tuas carícias me falam*
> *não queria que se calassem*
>
> *2*
> *A carícia não é a cópia*
> *de outra carícia longínqua*
> *é uma nova versão*
> *quase sempre melhorada*
>
> *5*
> *Como aventura e enigma*
> *a carícia começa antes*
> *de converter-se em carícia*
>
> *6*
> *É claro que o melhor*
> *não é a carícia em si*
> *mas a sua continuação*

A FIDELIDADE MASCULINA: UTOPIA OU REALIDADE?

1. Algumas comparações entre homens e mulheres

Embora eles não sejam maioria, é possível encontrar homens fiéis, isto é, homens com uma forte convicção para a monogamia e um firme domínio sobre seus impulsos mais recônditos e elementares. A fidelidade, tal como já disse em outras obras, não é a ausência de desejo, mas o autocontrole e capacidade de evitar a tempo. A lealdade no homem, mais do que por um estado natural de retidão com a mulher amada, está determinada por sua força de vontade e pelo inabalável propósito racional de evitar a traição: "Quero manter minha relação", "Não me interessa destruir o que tenho", "Quero dar à mulher que amo exclusividade" e outras avaliações nesse estilo.

Se considerarmos a inegável vulnerabilidade sexual masculina à promiscuidade e às tentações da civilização moderna, o esforço do homem para se manter fiel requer, além de auto-observação sustentada, metas de curto prazo, como as que recomendam os Alcoólicos Anônimos, por exemplo: "Só por hoje não vou beber". Em troca, a fidelidade feminina não costuma necessitar de tanto controle, a não ser que a supracitada entre em desamor. Se a mulher começa a duvidar do amor que sente pelo marido ou namorado, e alguém interessante aparece, a coisa fica mal. Aqui, o autocontrole requerido para manter-se no terreno da fidelidade, minimamente, é o de um faquir experiente: *o afeto impulsiona tanto ou mais do que o sexo.*

Em geral, as causas psicológicas da infidelidade são três: falta de amor, insatisfação sexual ou tédio. Se uma terceira pessoa entra em uma relação a dois fragilizada aportando amor renovado, sexo apaixonado e/ou entretenimento variado e sugestivo, a questão se complica e o incômodo par de chifres é praticamente inevitável. As três razões expostas são ordenadas de forma distinta em mulheres e homens. Nas primeiras, as prioridades para a infidelidade são: falta de amor, tédio e insatisfação sexual. Nos segundos, a ordem muda: insatisfação sexual, falta de amor e tédio.

As estatísticas na América Latina mostram que, no tema da infidelidade, homens e mulheres diferem em alguns pontos. Nós, homens, somos três vezes mais infiéis do que elas. Todavia, somos mais confiantes: sempre acreditamos que elas não vão ou não podem nos enganar. Enquanto a metade das mulheres pensa que os maridos são infiéis (e com razão), 80% dos homens creem na fidelidade das esposas (eu diria que ingenuamente, se considerarmos que uma em cada três mulheres reconhece que trai). A partir de minha experiência profissional, diria que a diferença fundamental entre as infidelidades masculina e feminina, além da maior frequência nos homens, é que eles são menos conscientes da infidelidade de suas mulheres, ou ao menos fazem como o avestruz. É possível que essa seja a razão pela qual quase sempre eles descobrem muito depois, são os últimos. Dito de outra forma, embora haja mais homens infiéis, a maioria dos que são enganados pelas esposas não tem ideia do que está ocorrendo e poria a mão no fogo por elas. A queimadura poderia ser de quinto grau.

Quando a mulher decide ser adúltera, o delito se aproxima do crime perfeito. Como o custo social da infidelidade feminina é consideravelmente maior do que o do homem, e possivelmente devido à meticulosidade e à astúcia natural feminina, é muito difícil surpreender a adúltera, a não ser que ela padeça de paixonite crônica e a ativação bioquímica a leve ao descuido. Mas, em geral, quase não se percebe a infidelidade feminina e o corpo de delito costuma permanecer bem oculto. Por outro lado, no homem a capacidade de enganar sem ser visto deixa muito a desejar. As pistas costumam ser tão evidentes que até o ilustre cego Mr. Magoo em pessoa as detectaria. Às vezes, as evidências são tão esmagadoras que o infrator parece ter feito de propósito. Uma das explicações psicológicas que se dá a esse *lapsus infractoris* é o ganho secundário. Quando o homem é absurda e ingenuamente descoberto, podem ocorrer ao menos dois benefícios básicos: a) reafirmar a própria masculinidade mostrando à mulher que ainda pode e/ou b) eliminar a culpa e o peso de ser infiel ("Me ajude a sair desta"). O primeiro é uma maneira estúpida de recordar à esposa quem é quem na relação, e o segundo uma forma de se redimir diante da humanidade.

Em geral, a maioria (homens e mulheres) perdoa a infidelidade de seus cônjuges e quase sempre lhes dá outra chance. Não obstante, em muitos casos "a última chance" se transforma em costume, e é então que começamos a negociar com os princípios. Uma de minhas pacientes preferia dividir o marido com outra a perdê-lo e ficar sozinha. O marido, exibindo uma estranha forma de honestidade, contava a ela com riqueza de detalhes tudo o que fazia com a outra, enquanto ela se limitava a "compreendê-lo" e a esperar que algum dia ele se desse conta de seu erro. Em outro caso, igualmente dramático, um homem já idoso aceitava havia anos que a mulher tivesse um amante, tudo para evitar o custo social da separação e para que os filhos não sofressem com a notícia.

Ainda que não gostemos ou não concordemos, enquanto nós, homens, seguirmos cegamente o desejo sexual e as mulheres seguirem encontrando o insuportável vazio afetivo de um homem ausente, seremos, aparentemente e perante a lei, monogâmicos e, em segredo, poligâmicos.

2. O "dom-juanismo" ou o problema da sedução compulsiva

Além da urgência sexual biológica, também é preciso buscar a infidelidade masculina na desatinada necessidade psicológica de autoafirmar-se na conquista: "Quanto mais mulheres bonitas tenho, mais macho serei". Assim como o mais bravo do pelotão de frente, o homem tradicional vai acumulando troféus em sua condição de perseguidor sexual implacável. Conheço alguns que, se pudessem colecionar as roupas íntimas de suas conquistas femininas – na realidade, deveríamos dizer botins ou presas –, exporiam-nas como as cabeças dissecadas dos caçadores de safári. Por exemplo: "Tanga e sutiã pertencentes a N.N., caucasiana, 25 anos, morena, de boa família...", e daí por diante.

A lenda do Don Juan, embora apareça na Idade Média, tem seu apogeu máximo durante o Século de Ouro. Tirso de Molina em *O burlador de Sevilha*, e Alfonso de Córdoba em *A vingança do sepulcro*, assim como Calderón de La Barca, Lope de Vega e Cervantes, apenas para citar alguns dos mais importantes, deixaram moldada a personalidade de um protótipo de homem que, com certeza, refletia alguns aspectos reais da picardia masculina da época. Com uma vida dedicada principalmente a encantar por encantar e a coroar seus objetivos quase militares, o Don Juan demonstrava a finesse da nobreza, a generosidade do rico, a elegância e o porte do cavalheiro, a arrogância do poderoso e a valentia do colonizador. Suas façanhas eram invejadas pelos homens e desejadas pelas mulheres. Realmente, um perigo.

O moderno colecionador obsessivo de conquistas femininas manteve ao menos duas características de seu ilustre antecessor.

A primeira está relacionada à forma de abordar a presa. Para o típico sedutor, na guerra os fins sempre justificam os meios, e como na realidade se trata precisamente de invasões e ocupações o Don Juan não poupa recurso algum: arremete uma e outra vez, com o coração na mão, propõe casamento a essa e àquela, jura amor eterno em vão, chora sempre que preciso, tenta se matar, dá presentes caros, escreve poesias que fariam Cyrano parecer comum e, inclusive, se necessário, seria capaz de entrar à força no leito da amada. Enfim, seja galanteio ou insistência, o uso de táticas e estratégias não tem limites nem cansaço. Como se trata de um "encantador profissional", ele não precisa sentir, mas simplesmente fazer o que faria qualquer apaixonado. Além disso, o sentimento seria um estorvo e a aniquilação total de suas ações. A corte só precisa ser interpretada adequadamente, de acordo com os cânones sociais que elas esperam, e por isso parte do êxito está em conhecer com perfeição os pontos fracos das mulheres, ativá-los e mantê-los despertos o tempo mínimo para que elas caiam aos seus pés. O Don Juan é um encantador de serpentes, um fomentador de vaidades. Quando ataca, é certeiro, inclemente, frio, sem consideração e mortal.

A segunda regra que guia as manobras don-juanescas é: a quantidade é muito mais importante do que a qualidade. Carente de toda estética ególatra, este galã é cego por natureza. Sua norma é a de qualquer comerciante de aves: "Todo frango que caminha vai parar na churrasqueira". Deste ponto de vista, a missão não é somente fazer mais uma vítima, mas fazer com que muitas delas desfaleçam felizes por terem sido "amadas", apesar de seus defeitos. Mais de uma sacrificada com problemas de autoimagem repetiria feliz o sacrifício: "Morro contente. Alguém, afinal, olhou pra mim". Não importa ser um item a mais na coleção, ao menos se é parte da seleção de um grande colecionador. Muitas mulheres, mesmo sabendo que se trata de uma farsa, decidem vivê-la como se fosse um conto de fadas: "Quem poderá tirar isso de mim?". Quando o Don Juan toca a corda certa de uma mulher insegura, não só cria uma nova peça no repertório, mas também uma escrava para toda a vida, orgulhosa de sê-lo.

O verdadeiro Don Juan, quando triunfa, jamais volta à cena do crime porque poria em perigo sua reputação. Se regressasse, estaria esperando repetir a dose de prazer com a mesma pessoa, o que não somente prejudicaria sua reconhecida insensibilidade, mas ofereceria o risco de apegar-se ou, no pior dos cenários, apaixonar-se. O Don Juan jamais morre por uma facada, um tiro ou um espancamento, pelo contrário, isso o reafirma e o faz renascer das próprias cinzas. Esse personagem deixa de existir quando se apaixona. O amor acaba com ele e ao mesmo tempo o cura, porque tira a motivação fundamental de seguir por seguir, alivia da compulsão, tira da vida a sensação de estar doente, absorve a paixão do explorador e o desafio fundamental da conquista. Em outras palavras, o amor o humaniza.

Mas, de certa forma, o amor também o torna independente. Porque se afirmar no número de mulheres seduzidas não é outra coisa que depender delas. Cada "sim" é uma parte de vitória com sabor de derrota. A masculinidade do Don Juan se forma na necessidade de aprovação feminina: "Preciso que as mulheres me amem para me sentir homem", mas não uma ou duas, e sim todas. "Se me dou bem, sou macho."

O sedutor empedernido é um homem inconcluso e indefinido, tentando se achar pelo caminho equivocado. A admiração ou a inveja que outros homens possam sentir de suas "façanhas" engrandecem o ego, mas não dão segurança: a confiança só vem do sexo oposto.

O Don Juan não resolveu seu problema de identificação. Ele ainda permanece aferrado à mãe e à falsa segurança de não querer evoluir para seu próprio ser masculino. É a variante mais perigosa de homem apegado-infantil. Penso que a intenção do sedutor compulsivo que caracteriza o "dom-juanismo" não é machucar e martirizar as mulheres, mas encontrar-se na autoafirmação gerada com a conquista. Contudo, no desespero de encontrar um quebra-cabeça no qual se encaixar, espalha pecinhas por tudo em seu caminho.

Bate e machuca por impotência, mas não por vingança. O Don Juan não odeia as mulheres, precisa delas para sobreviver – daí sua grande fraqueza e seu vício nelas. O que o transforma num inimigo público afetivo não é o rancor e a agressão que caracteriza o sociopata frio e calculista, mas o medo infantil de permanecer sozinho e indefinido. O Don Juan move-se em uma dimensão escura e insondável, em que não se pode ver com clareza e menos ainda sentir. Mas se o amor aparece e a flecha do Cupido o atravessa de um lado a outro, pode acontecer um milagre. O monstro morre na própria lei, e por obra e graça de alguma mulher compassiva o terrível Don Juan se converte em um homem calmo e sensível.

A conquista sexual masculina: um desgaste exaustivo

1. A conquista do macho no mundo animal

Por alguma razão ainda não identificada pelos biólogos, o ciclo reprodutivo na natureza foi organizado de maneira especialmente exigente para os machos. Em todas as espécies animais, a atividade sexual requer um investimento de tempo e esforço surpreendente que, muitas vezes, é nefasto para a sobrevivência. É realmente impressionante ver o desgaste competitivo ao qual devem recorrer os machos para cumprir seu desígnio reprodutivo, seja intimidando os rivais ou persuadindo as fêmeas. Parece que em toda a escala zoológica a missão do sexo masculino é a mesma: reprodução a qualquer preço. Alguns exemplos falam por si.

Descobriu-se que as cabras montanhesas de chifres maiores são sexualmente mais bem-sucedidas, mas este êxito vem com um custo: elas morrem mais jovens. Os pesquisadores demonstraram que a causa da morte prematura se deve ao desgaste gerado por ter de defender constantemente suas fêmeas de outros machos. Esta "defesa do harém" elimina grande parte das reservas de gordura necessárias para sobreviver no inverno e, portanto, elas envelhecem e morrem antes das cabras de chifres menores. Ao que parece, no reino animal os "cornos" também são um problema.

A exibição sexual do macho da ave do paraíso da Nova Guiné consiste em fabricar uma paisagem completa para atrair as fêmeas. Primeiro ele limpa um tronco grosso e forte. Em seguida tece ao redor uma espécie de coberta e a decora com flores, asas de besouros fosforescentes e frutas. Depois faz um teto de um metro de largura e uma janela por onde possa ser observado de fora pelas interessadas. Para dar um toque de distinção à construção, coloca um tapete de musgo na entrada, que novamente adorna com frutos e flores. Para terminar, rodeia todo o local com uma pequena cerca. Custa crer que todo o investimento de recursos esteja destinado exclusivamente à conquista. Claro que o gafanhoto americano não está melhor do que isso, já que sua forma de cortejar consiste numa espécie de dança com dezoito posições diferentes, algo mais complicado do que a salsa e o tango de arrabal juntos. E a razão, mais uma vez, é definitiva: quanto melhor executar sua dança, mais namoradas terá.

A regra está definida assim: enquanto as fêmeas mostram um maior grau de eficiência e distribuição adaptativa dos recursos mais básicos de sobrevivência, os machos exibem um desperdício lamentável e umas extravagâncias sedutoras pouco práticas e, em muitos casos, perigosas. Por que é assim?

Segundo os especialistas, o ciclo reprodutivo está definitivamente monopolizado pelas fêmeas e, portanto, aos machos compete disputar pelos favores delas, inclusive quando o número de fêmeas é maior. E isto não é machismo, é feminismo. Toda estrutura biológica animal gira ao redor de uma lacuna de apetites sexuais, em que o poder está concentrado em quem menos necessitar sexualmente do outro. Charles Hapgood disse a esse respeito: "Tudo isto [a competição pelas fêmeas no mundo animal] parece uma imagem muito direta de um sistema bastante comum em que as fêmeas são todas altamente desejáveis por igual para os machos, e todos os machos uniformemente pouco interessantes para as fêmeas".

Em quase todos os cortejos de acasalamento, o macho deve rivalizar para obter os encantos femininos. Seja tratando-se do sequestro da fêmea, como ocorre com a abelha da areia, da luta agressiva e direta que utiliza a serpente não venenosa, de chamar a atenção de maneira incansável como faz o salmão, da definição de territórios de exibição masculina, como ocorre em milhões de libélulas macho, ou do direito de território que demarca o leão, sempre é preciso gerar algum tipo de confrontação de gênero. Lutamos e nos matamos por elas. Até os espermatozoides competem. Dos duzentos milhões de células espermáticas, apenas uma triunfa. O óvulo os chama quimicamente, os seduz, os atrai até que fiquem uns quantos: os mais aptos. Por último, com o poder que lhe confere a natureza, o óvulo decide quem é o doador.

Os machos rugem, guincham, galopam, saltam, emitem chispas, gritam, uivam, dançam, correm, fazem qualquer coisa para ganhar o direito da reprodução sexual. É tamanho o prêmio que algumas espécies criaram métodos indiretos para salvar a própria honra e, de qualquer maneira, procriar. Por exemplo, alguns pequenos insetos e répteis inserem o próprio esperma no duto espermático de outros machos para garantir assim que seus genes sejam transmitidos: um ato sexual indireto. Alguns vermes parasitas, depois de acasalar, selam o trato genital da fêmea com uma secreção coagulante, criando um verdadeiro cinto de castidade bioquímico. Em um tipo de mosca, o macho solda, por assim dizer, os próprios genitais com os da fêmea para não serem separados jamais. A lista de estratagemas que os machos usam para competir sexualmente entre si é interminável. E tudo pelas fêmeas, pelo prazer de fabricar vida nelas.

2. A conquista do macho no mundo civilizado

O preocupante panorama animal apresentado adquire no mundo dos humanos matizes distintos, ainda que a tendência básica subsista: *a energia libidinosa segue sendo o motor*. Os rituais de conquista masculina criam um caminho mais intrincado, menos cruel e mais civilizado, mas igualmente competitivo, desgastante e, na maioria das vezes, bobo. O cortejo social interpessoal, especialmente nos homens, aporta novos ingredientes culturais como mentir, exagerar, esconder, dissimular, utilizar próteses, aparentar, fingir e enganar. O galanteio humano está projetado para exibir as qualidades e tirar partido delas ou inventá-las, se for o caso.

Ovídio, o poeta e pensador romano, publicou alguns anos antes de Cristo um manual para sedutores chamado *Ars amandi*, cuja tradução é *A arte de amar* (nada a ver com Fromm). O manual consta de uma infinidade de conselhos para triunfar na arte da sedução. O êxito do texto foi tamanho que o imperador Augusto o considerou uma das causas da corrupção reinante em Roma, proibiu a obra e desterrou o pobre Ovídio.

Embora o livro também fosse dirigido às mulheres, a parte central se refere a como seduzir e manter o amor feminino. O autor não poupa esforços para animar os homens: "Até aquela que tu creias mais difícil, se renderá ao final"; adverte sobre o poder da paciência: "Talvez recebas uma ingrata resposta, pedindo-te que pare de solicitá-la. Ela em seu foro íntimo teme que a obedeças e o que quer é que tu sigas insistindo"; recomenda o assédio sexual moderado como forma de lisonjear: "Todas gostam que lhes peçam, tanto as que dão, quanto as que negam"; alerta sobre o risco de que, uma vez agradada, a dama se negue a dar mais: "Os agrados que tu fizeste poderiam obrigá-la a abandonar-te, e ela lucraria com a tua generosidade sem conceder nada em troca. Por isto é preciso mantê-la na esperança de que receberá muito mais. Deixe que ela confie que sempre darás a ela o que nunca pensaste... Não sejas parco em prometer"; recomenda dar a impressão de ter certa cultura, mesmo que não a tenha: "Se alguma moça te pergunta pelos nomes dos reis vencidos e pelas terras, montes ou rios que figuram na procissão, responde a tudo e afirma o que não sabes como se o soubesse perfeitamente"; e também sugere um estilo expressivo particular: "O amante precisa estar pálido..., que o semblante emagrecido manifeste as angústias que sofres..., para alcançar teus desejos deves converter-te em um ser digno de pena; que quem te veja exclame na hora: está apaixonado".

Como é evidente, o custo desse tipo de conquista, mais que a gordura da cabra (como no caso das cabras montanhesas descritas anteriormente), é a integridade pessoal. Eventualmente, buscamos o mesmo que perseguem nossos predecessores animais, mas de uma forma muito menos honesta e elegante. O *Ars amandi* é a arte de enganar por meio da mentira e da própria desonra. A ave do paraíso antes mencionada se cansa e fatiga em sua sedução, mas embeleza o ritual porque não precisa mentir; o enobrece e o enriquece com o que verdadeiramente é.

A humanização da conquista requer dar um grande salto qualitativo, no qual a aproximação do homem permita um contato mais pacífico, menos depredador e sem tanta urgência sexual. Na maioria das vezes, quando nos aproximamos delas, o desejo nos anuvia a mente e outras funções. Absorvidos e pressionados pela necessidade sexual, não conseguimos reconhecê-las como pessoas. Nem sequer as vemos. Muitos homens, logo após a conquista e o apogeu do ato, não lembram o rosto da mulher com quem estiveram. Não têm a mais remota ideia de como pensa, o que faz, como vive e o que sente aquela mulher que há pouco abraçavam e beijavam com paixão. Não houve contato humano. Não estou dizendo que toda relação requeira um curso pré-matrimonial de meses para alcançar a intimidade sexual; o que proponho é lançar um pouco de luz sobre o "obscuro objeto do desejo" e tirar um pouco do sexo da arte de seduzir.

Embora a paranoia feminina de enxergar o homem como uma espécie de polvo descontrolado seja justificada, às vezes elas exageram. Muitas mulheres gostariam de castrar alguns homens só para poderem ser amigas deles e, desta maneira, evitar qualquer interferência do desejo. Querer desmembrar o homem para ser amiga dele, ainda que seja apenas psicologicamente, não deixa de ser uma perversão. Embora a amizade entre os sexos seja uma realidade – todos temos amigas com as quais "não temos nada" –, quase sempre esta "assexualidade" permanece adormecida ou latente, mas não morta. Os casos de "amigos íntimos" que se tornaram marido e mulher são incontáveis. Muitas amigas que não nos provocam sexualmente se transformariam em um manjar após um par de meses com elas numa ilha deserta. Para sermos amigos das amigas, ou vice-versa, não precisamos nos despojar da sexualidade que define nosso gênero. Ser amiga de um homem implica correr o risco de escutar um elogio, uma piada ou algum comentário com "cara de homem".

Uma mulher de vinte anos, muito atraente, se ofendia quando os amigos faziam algum comentário sobre atributos físicos dela. Em qualquer parte do planeta teria ocorrido o mesmo, mas ela "exigia" que se ignorassem seus decotes, suas minissaias provocativas e suas calças justas. As afirmações masculinas "Posso ser seu amigo, gosto de você, mas não posso deixar de reconhecer os seus encantos físicos..." ou "Como acho que a nossa amizade é muito importante e não quero perdê-la, de maneira consciente afasto meus maus pensamentos", eram marcadamente ofensivas para ela.

Muitas mulheres se surpreendem quando seus amigos íntimos, "irmãos" de alma, reconhecem atrativos físicos nelas e manifestam isso. Ninguém pode tirar o direito do outro ao desejo. Não estou dizendo que o amigo homem deva necessariamente ser um "acossador" sexual, chato e desagradável, mas que essa "malícia", no bom sentido, não se cura nem se extirpa. O homem carrega sua carga de masculinidade durante as 24 horas do dia. Ser amigo de uma mulher é entrar em contato com a feminilidade dela, e não com um ser angelical assexuado, por isso é "amiga" e não "amigo". O interessante em qualquer amizade homem-mulher é, precisamente, compartilhar a variedade que a diferença de gênero oferece na maneira de ver e sentir a vida; como é óbvio, tendo o sexo relegado, afastado, diluído e sob estrita vigilância. Ser amiga de um homem é reconhecê-lo como tal, como uma mistura de sentimentos masculinos entrelaçados, em que o sexo pode estar em quarto ou quinto plano, quase imperceptível, mas "vivinho da silva". A outra opção é a que assume a sabedoria popular: "O melhor amigo de uma mulher é um homossexual".

Naquilo que é humano, a libido exerce muito mais papéis do que a mera reprodução mecânica. Nós, homens, devemos aceitar que quando deixamos nosso comportamento nas mãos do desejo sexual nos equivocamos, queimamos navios, estupramos, roubamos e nos ridicularizamos. Quando a conquista masculina é guiada pela típica superexcitação instintiva carnal, o homem regride, suplica, mente, paga, roga, enfim, se humilha. Talvez seja hora de sossegar e permitir que elas também façam parte do trabalho. O desrespeito próprio começa quando esquecemos o fator humano e deixamos que a urgência fisiológica escolha por nós. Nos degradamos quando nos vendemos ao melhor lance, sem pensar duas vezes e sem nos importarmos com quem quer que seja. A aproximação amável significa legitimizar e referendar a outra pessoa como uma opção aceitável e merecedora do que somos. Nem se obrigar, nem obrigar alguém, mas facilitar a concordância mútua. Há alguns anos, num banheiro masculino, encontrei esta poesia anônima, escrita numa parede:

Exigiu um seguro de vida
e lhe dei três.

Exortou honestidade comprovada
e não voltei a roubar.

Sugeriu pontualidade
e jamais cheguei tarde.

Aconselhou moderação
e tentei o celibato.

Pediu sigilo e discrição
e fiquei invisível.

Encorajou meu esquecimento
e contraí amnésia.

Pediu que a amasse
com paixão e abandono.

Mas eu estava tão cansado
que não fui capaz.

Ainda que o sexo esteja imerso na própria essência da sedução masculina (flerte sem desejo não é flerte, mas assunto de negócios), e provavelmente assim seguirá sendo por muitos milhares de anos, é preciso aceitar que ele não é o único motivador da conquista do homem. A aproximação do sexo oposto também é motivada pela busca por companhia, por dividir as delícias e as desgraças da civilização (por exemplo, hambúrgueres e batatas fritas, cinema e televisão), pela conversa informal, por filosofar de bar em bar, pela incrível força que gera a genuína amizade homem-mulher, pela luxúria oculta e pela fantasia antecipada. O psicológico, a autoconsciência para ser mais exato, dá uma nova extensão ao galanteio e o alça muito além do simples corpo a corpo.

Do meu ponto de vista, a conquista saudável não é mais que um conjunto de acordos implícitos (quanto mais silenciosos, melhor) para os humanos invadirem-se mutuamente sem perder a soberania pessoal. Ou, dito de outra forma, é entrar de forma respeitosa no território do outro, reconhecendo-o como um ser que vale a pena explorar por fora e, sobretudo, por dentro.

O direito a uma sexualidade digna

Dignificar a sexualidade masculina não significa racionalizar exageradamente o sexo nem restringi-lo: *o que proponho é abolir a escravidão sexual a que estamos submetidos.* Liberar-nos da obsessão não significa enterrar a libido, mas transcender com ela. A sexualidade é um presente. É o momento no qual se produz a morte psicológica (a mente tagarela se cala e o *māyā*, a consciência, vai dormir) e quando podemos nos identificar com o universo. Mas se desfrutamos do sexo desconhecendo seu significado real, além de ficarmos aprisionados no meramente sensorial, estaremos nos aproximando do caminho da dependência. Definitivamente, a sexualidade é muito mais do que o aspecto genital, e se não virmos isso nunca conseguiremos aproveitar sua incrível magnificência.

Uma sexualidade masculina digna refere-se a uma sexualidade que respeite a integridade psicológica, tanto do homem quanto da mulher. A sexualidade, quando é digna, não degrada nem corrompe ninguém porque não gera apego.

O direito a uma sexualidade digna é não se desintegrar no vício; é humanizar o sexo na vivência do afeto; é não se violentar internamente, nem violentar o outro; é se retirar a tempo ou estar presente todo o tempo; é entender que, ao menos na química corporal, o fim não justifica os meios; é se transmutar no outro até desaparecer e não se assustar com isso; é não se aproveitar, nem se castrar, nem se submeter para conseguir "favores"; é desnudar-se valentemente e não querer vestir-se logo; é amadurecer o prazer para que ele fique melhor; enfim, ser digno do sexo é amar a si próprio sem deixar de amar, e entregar-se sem misericórdia, sem se ferir ou ferir o outro.

Epílogo

Manifesto de liberação afetiva masculina

Nós, homens, conscientes do desafio que implica a liberação afetiva masculina, fartos da repressão emocional a que somos submetidos por nós mesmos e pela cultura, em franca oposição aos valores pouco humanistas com os quais fomos educados e com um repúdio total pela estrutura patriarcal da qual fomos vítimas e que, supostamente, estamos obrigados a transmitir, expressamos e deixamos estipuladas, desde o mais profundo de nosso sentir, as seguintes reivindicações de liberdade emocional. Cada homem tem direito a:

1. Sentir medo.
2. Ser fraco e pedir ajuda quando julgar necessário.
3. Ser inútil, cometer erros e não saber o que fazer.
4. Fracassar economicamente, ser pobre e experimentar o ócio de forma intensa e vital.
5. Viver em paz, recusar a agressão, a guerra e todo tipo de violência interna e externa.
6. Se emocionar e expressar sentimentos positivos, seja física ou verbalmente.

7. Passar mais tempo em família e participar da criação dos filhos.
8. Se comunicar afetivamente com os demais homens, e fomentar a amizade masculina sem rivalizar nem competir.
9. Desfrutar do sexo sem ser viciado nele.
10. Falhar como reprodutor e não transmitir seu sobrenome.
11. Ter uma sexualidade mais afetiva e amorosa.
12. Tentar ser fiel.
13. Não se humilhar na conquista.

Por último, ainda que chova e trovoe, é direito do homem que as pequenas primaveras que tem dentro de si, aquelas de que fala Khalil Gibran, saiam a brotar sempre que quiserem.

Maio de 1998

Bibliografia

American Psychiatric Association. Diagnostic and statistical manual of mental disorders IV edition text revision. Washington, D. C.: American Psychiatric Association Press, 2000.

Aristóteles. *Ética nicomáquea. Ética eudemia.* Madri: Biblioteca Clásica Gredos, 1998.

Bantman, B. *Breve historia del sexo.* Barcelona: Paidós, 1999.

Badcock, C. *Evolutionary psychology.* Nova York: Polity Press, 2000.

Beck, A. T. *Prisioneros del odio.* Barcelona: Paidós, 2003.

Beltrán, M. T., Tomé, J. e Benítez, E. *Violencia y género.* Málaga: CEDMA, 2002.

Badinter, E. XY, *La identidad masculina.* Bogotá: Norma, 1994.

Badinter, E. *¿Existe el instinto maternal?* Barcelona: Paidós, 1991.

Baudelaire, C. *Antología poética ilustrada.* Valência: La Máscara, 1997.

Betcher, W. R. e Pollack, W. S. *In a time of fallen heroes.* Nova York: The Guilford Press, 1993.

Boff, L. e Muraro, R. *Femenino y Masculino.* Madri: Trotta, 2004.

Bowlby, J. *La perdida afectiva*. Buenos Aires: Paidós, 1990.

Bowlby, J. *La separación afectiva*. Buenos Aires: Paidós, 1985.

Brown, P. S., Humm. D. R. e Fischer, B. R. The influence of males dominance status on female choice in syriam hamsters. *Hormones and Behavior*, 22, pp. 143-149, 1988.

Buss, D. M. *La evolución del deseo*. Madri: Alianza, 1996.

Campbell, J. *El héroe de las mil caras*. México: Fondo de Cultura Económica, 1993.

Castañeda, M. *El machismo invisible*. México: Grijalbo, 2002.

Choi, P., Pope, H., Olivardia, R., e Cash, T. Muscle Dysmorphia: A new syndrome in weightlifters. *Br J Sports Med*, 36, pp. 375-383, 2002.

Cícero. *La amistad*. Madri: Temas de hoy, 1998.

Cioran, E. M. *El ocaso del pensamiento*. Barcelona: Tusquets Editores, 1996.

Comte-Sponville, A. *El pequeño tratado de las grandes virtudes*. Chile: Andrés Bello, 1997.

Cortina, A. *Ética sin moral*. Madri: Tecnos, 2000.

Darwin, C. *El origen de las especies*. Argentina: Longseller, 2004.

Davila, J. e Cobb, R. J. Predictors of change in attachment security during adulthood. In: Rholes, W. S. e Simpson, J. A. (Ed.), *Adult attachment*. Nova York: The Guilford Press, 2005.

Diaz-Plaja, F. *La vida amorosa en el siglo de oro*. Madri: Temas de Hoy, 1996.

DRUCKER, P. *La sociedad postcapitalista.* Colômbia: Norma, 1998.

DUGATKIN, L. A. e GODIN, J. J. How females choose their mates. *Scientific American*, 4, pp. 42-44, 2002.

ECKHART, Maestro. *El fruto de la nada.* Madri: Siruela, 1998.

FAUR, E. *Masculinidades y desarrollo social.* Colômbia: UNICEF, Arango Editores, 2004.

FISHER, H. *La anatomía del amor.* Argentina: Emecé, 1996.

FISHER, H. *Por qué amamos.* Barcelona: Taurus, 2004.

FREUD, S. *Obras completas.* Madri: Biblioteca Nueva, 1948.

FROMM, E. *¿Tener o ser?* México: Fondo de Cultura Económica, 2002.

FROMM, E. *El arte de amar.* Barcelona: Paidós, 1998.

GALÁN, J. E. *La vida amorosa en Roma.* Madri: Temas de hoy, 1996.

GIROUD, F. e HENRY-LEVY, B. *Hombres y mujeres.* Barcelona: Temas de hoy, 1995.

GUTIÉRREZ, V. *Familia y cultura en Colombia.* Medellín: Universidad de Antioquia, 1994.

HAPGOOD, F. *Por que existe el sexo... masculino.* México: Fondo Educativo, 1981.

HARRIS, M. *Caníbales y reyes.* Barcelona: Salvat, 1986.

HERITEIER, F. *Masculino/femenino.* Madri: Ariel, 1996.

JUNG, C. G. *Los arquetipos y el inconsciente colectivo.* Madri: Trotta, 1996.

JUNG, C. G. *El hombre y sus símbolos.* Barcelona: Paidós, 1997.

KAUFMAN, M. Las experiencias contradictorias del poder de los hombres. In: VALDÉS, T. e OLAVARÍA, J. (Ed.), *Masculinidades. Poder y Crisis.* Chile: Ediciones de las mujeres, 1997.

KNIBIEHLER, Y. Historia de las madres y la maternidad en occidente. Argentina: Nueva Visión, 2001.

LIPOVETSKY, G. *La tercera mujer.* Barcelona: Anagrama, 1999.

LUNA, I. Belleza, mujer y psicopatología. In: CORREA, E. e JADRESIC, E. (Ed.), *Psicopatología de la mujer.* Chile: Mediterráneo Editorial, 2005.

LUNA, I. Las adicciones en la mujer. In: CORREA, E. e JADRESIC, E. (Ed.), *Psicopatología de la mujer.* Chile: Mediterráneo Editorial, 2005.

LUNA, I. Androginia y postmodernismo. Cuarto Congreso Virtual de Psiquiatría. <http://www.interpsiquis.com>. Acesso verificado em 18 de setembro de 2003, 2003.

MALINOWSKI, B. *Crimen y costumbre en la sociedad salvaje.* Barcelona: Ariel, 1991.

MATURANA, H. *El sentido de lo humano.* Chile: Dolmen, 1996.

MILNER, R. *Diccionario de la evolución.* Barcelona: Bibliograf., 1995.

NIETZSCHE, F. *Obras inmortales.* Madri: Goya, 1968.

OLDHAM, J. M., SKODOL, A. E. e BENDER, D. S. *Personality disorders.* Nova York: The American Psychiatric Publishing, 2005.

OVÍDIO. *El arte de amar.* Bogotá: Norma, 2000.

PEREZ, T. M. *Amor, maltrato y emoción.* México: Alfa Omega Editores, 2002.

QUEVEDO. *Obras completas.* Madri: Aguilar.

RAINE, A. e SAN MARTÍN, J. *Violencia y psicopatía.* Madri: Ariel, 2000.

RHOLES, W. S. e SIMPSON, J. A. *Adult attachment.* Nova York: Guilford Press, 2004.

RISO, W. *Ama y no sufras.* Bogotá: Norma, 2003.

RISO, W. *Asertividad.* Medellín: Rayuela, 1990.

RISO, W. *Cuestión de dignidad.* Bogotá: Norma, 2003.

RISO, W. *La fidelidad es mucho más que amor.* Bogotá: Norma, 2002.

RISO, W. *La sabiduría emocional.* Bogotá: Norma, 2002.

SADOCK, B. J. e SADOCK, V. A. *Clinical psychiatric.* Nova York: Lippincott Williams & Wilkins, 2005.

SAGAN, C. e DRUYAN, A. *Sombras de antepasados olvidados.* Barcelona: Planeta, 1993.

SCHOPENHAUER, A. *El amor, las mujeres y la muerte.* Barcelona: Edicomunicaciones, 1998.

SHAFFER, D. R. *Desarrollo social y de la personalidad.* Madri: Thomson, 2002.

SYKES, B. *La maldición de Adán.* Barcelona: Debate, 2005.

VILAR, E. *¿Es inmoral el matrimonio?* Barcelona: Grijalbo, 1995.

VIVEKANANDA. *El poder del jñana yoga.* México: Alamah, 2002.

WORCHEL, S., COOPER, J., GEOTHALS, G. R. e OLSON, J. M. *Psicología social.* México: Thompson Editores, 2002.

ZUMAYA, M. *La infidelidad.* México: Edamex, 1998.

Coleção L&PM POCKET

1191.**E não sobrou nenhum e outras peças** – Agatha Christie
1192.**Ansiedade** – Daniel Freeman & Jason Freeman
1193.**Garfield: pausa para o almoço** – Jim Davis
1194.**Contos do dia e da noite** – Guy de Maupassant
1195.**O melhor de Hagar 7** – Dik Browne
1196(29).**Lou Andreas-Salomé** – Dorian Astor
1197(30).**Pasolini** – René de Ceccatty
1198.**O caso do Hotel Bertram** – Agatha Christie
1199.**Crônicas de motel** – Sam Shepard
1200.**Pequena filosofia da paz interior** – Catherine Rambert
1201.**Os sertões** – Euclides da Cunha
1202.**Treze à mesa** – Agatha Christie
1203.**Bíblia** – John Riches
1204.**Anjos** – David Albert Jones
1205.**As tirinhas do Guri de Uruguaiana 1** – Jair Kobe
1206.**Entre aspas (vol.1)** – Fernando Eichenberg
1207.**Escrita** – Andrew Robinson
1208.**O spleen de Paris: pequenos poemas em prosa** – Charles Baudelaire
1209.**Satíricon** – Petrônio
1210.**O avarento** – Molière
1211.**Queimando na água, afogando-se na chama** – Bukowski
1212.**Miscelânea septuagenária: contos e poemas** – Bukowski
1213.**Que filosofar é aprender a morrer e outros ensaios** – Montaigne
1214.**Da amizade e outros ensaios** – Montaigne
1215.**O medo à espreita e outras histórias** – H.P. Lovecraft
1216.**A obra de arte na era de sua reprodutibilidade técnica** – Walter Benjamin
1217.**Sobre a liberdade** – John Stuart Mill
1218.**O segredo de Chimneys** – Agatha Christie
1219.**Morte na rua Hickory** – Agatha Christie
1220.**Ulisses (Mangá)** – James Joyce
1221.**Ateísmo** – Julian Baggini
1222.**Os melhores contos de Katherine Mansfield** – Katherine Mansfield
1223(31).**Martin Luther King** – Alain Foix
1224.**Millôr Definitivo: uma antologia de *A Bíblia do Caos*** – Millôr Fernandes
1225.**O Clube das Terças-Feiras e outras histórias** – Agatha Christie
1226.**Por que sou tão sábio** – Nietzsche
1227.**Sobre a mentira** – Platão
1228.**Sobre a leitura** *seguido do* **Depoimento de Céleste Albaret** – Proust
1229.**O homem do terno marrom** – Agatha Christie
1230(32).**Jimi Hendrix** – Franck Médioni
1231.**Amor e amizade e outras histórias** – Jane Austen
1232.**Lady Susan, Os Watson e Sanditon** – Jane Austen
1233.**Uma breve história da ciência** – William Bynum
1234.**Macunaíma: o herói sem nenhum caráter** – Mário de Andrade
1235.**A máquina do tempo** – H.G. Wells
1236.**O homem invisível** – H.G. Wells
1237.**Os 36 estratagemas: manual secreto da arte da guerra** – Anônimo
1238.**A mina de ouro e outras histórias** – Agatha Christie
1239.**Pic** – Jack Kerouac
1240.**O habitante da escuridão e outros contos** – H.P. Lovecraft
1241.**O chamado de Cthulhu e outros contos** – H.P. Lovecraft
1242.**O melhor de Meu reino por um cavalo!** – Edição de Ivan Pinheiro Machado
1243.**A guerra dos mundos** – H.G. Wells
1244.**O caso da criada perfeita e outras histórias** – Agatha Christie
1245.**Morte por afogamento e outras histórias** – Agatha Christie
1246.**Assassinato no Comitê Central** – Manuel Vázquez Montalbán
1247.**O papai é pop** – Marcos Piangers
1248.**O papai é pop 2** – Marcos Piangers
1249.**A mamãe é rock** – Ana Cardoso
1250.**Paris boêmia** – Dan Franck
1251.**Paris libertária** – Dan Franck
1252.**Paris ocupada** – Dan Franck
1253.**Uma anedota infame** – Dostoiévski
1254.**O último dia de um condenado** – Victor Hugo
1255.**Nem só de caviar vive o homem** – J.M. Simmel
1256.**Amanhã é outro dia** – J.M. Simmel
1257.**Mulherzinhas** – Louisa May Alcott
1258.**Reforma Protestante** – Peter Marshall
1259.**História econômica global** – Robert C. Allen
1260(33).**Che Guevara** – Alain Foix
1261.**Câncer** – Nicholas James
1262.**Akhenaton** – Agatha Christie
1263.**Aforismos para a sabedoria de vida** – Arthur Schopenhauer
1264.**Uma história do mundo** – David Coimbra
1265.**Ame e não sofra** – Walter Riso
1266.**Desapegue-se!** – Walter Riso
1267.**Os Sousa: Uma famíla do barulho** – Mauricio de Sousa
1268.**Nico Demo: O rei da travessura** – Mauricio de Sousa
1269.**Testemunha de acusação e outras peças** – Agatha Christie
1270(34).**Dostoiévski** – Virgil Tanase
1271.**O melhor de Hagar 8** – Dik Browne
1272.**O melhor de Hagar 9** – Dik Browne
1273.**O melhor de Hagar 10** – Dik e Chris Browne
1274.**Considerações sobre o governo representativo** – John Stuart Mill

1275.**O homem Moisés e a religião monoteísta** – Freud
1276.**Inibição, sintoma e medo** – Freud
1277.**Além do princípio de prazer** – Freud
1278.**O direito de dizer não!** – Walter Riso
1279.**A arte de ser flexível** – Walter Riso
1280.**Casados e descasados** – August Strindberg
1281.**Da Terra à Lua** – Júlio Verne
1282.**Minhas galerias e meus pintores** – Kahnweiler
1283.**A arte do romance** – Virginia Woolf
1284.**Teatro completo v. 1: As aves da noite** ***seguido de*** **O visitante** – Hilda Hilst
1285.**Teatro completo v. 2: O verdugo** ***seguido de*** **A morte do patriarca** – Hilda Hilst
1286.**Teatro completo v. 3: O rato no muro** ***seguido de*** **Auto da barca de Camiri** – Hilda Hilst
1287.**Teatro completo v. 4: A empresa** ***seguido de*** **O novo sistema** – Hilda Hilst
1289.**Fora de mim** – Martha Medeiros
1290.**Divã** – Martha Medeiros
1291.**Sobre a genealogia da moral: um escrito polêmico** – Nietzsche
1292.**A consciência de Zeno** – Italo Svevo
1293.**Células-tronco** – Jonathan Slack
1294.**O fim do ciúme e outros contos** – Proust
1295.**A jangada** – Júlio Verne
1296.**A ilha do dr. Moreau** – H.G. Wells
1297.**Ninho de fidalgos** – Ivan Turguêniev
1298.**Jane Eyre** – Charlotte Brontë
1299.**Sobre gatos** – Bukowski
1300.**Sobre o amor** – Bukowski
1301.**Escrever para não enlouquecer** – Bukowski
1302.**222 receitas** – J. A. Pinheiro Machado
1303.**Reinações de Narizinho** – Monteiro Lobato
1304.**O Saci** – Monteiro Lobato
1305.**Memórias da Emília** – Monteiro Lobato
1306.**O Picapau Amarelo** – Monteiro Lobato
1307.**A reforma da Natureza** – Monteiro Lobato
1308.**Fábulas** ***seguido de*** **Histórias diversas** – Monteiro Lobato
1309.**Aventuras de Hans Staden** – Monteiro Lobato
1310.**Peter Pan** – Monteiro Lobato
1311.**Dom Quixote das crianças** – Monteiro Lobato
1312.**O Minotauro** – Monteiro Lobato
1313.**Um quarto só seu** – Virginia Woolf
1314.**Sonetos** – Shakespeare
1315(35).**Thoreau** – Marie Berthoumieu e Laura El Makki
1316.**Teoria da arte** – Cynthia Freeland
1317.**A arte da prudência** – Baltasar Gracián
1318.**O louco** ***seguido de*** **Areia e espuma** – Khalil Gibran
1319.**O profeta** ***seguido de*** **O jardim do profeta** – Khalil Gibran
1320.**Jesus, o Filho do Homem** – Khalil Gibran
1321.**A luta** – Norman Mailer
1322.**Sobre o sofrimento do mundo e outros ensaios** – Schopenhauer
1323.**Epidemiologia** – Rodolfo Sacacci
1324.**Japão moderno** – Christopher Goto-Jones
1325.**A arte da meditação** – Matthieu Ricard
1326.**O adversário secreto** – Agatha Christie
1327.**Pollyanna** – Eleanor H. Porter
1328.**Espelhos** – Eduardo Galeano
1329.**A Vênus das peles** – Sacher-Masoch
1330.**O 18 de brumário de Luís Bonaparte** – Karl Marx
1331.**Um jogo para os vivos** – Patricia Highsmith
1332.**A tristeza pode esperar** – J.J. Camargo
1333.**Vinte poemas de amor e uma canção desesperada** – Pablo Neruda
1334.**Judaísmo** – Norman Solomon
1335.**Esquizofrenia** – Christopher Frith & Eve Johnstone
1336.**Seis personagens em busca de um autor** – Luigi Pirandello
1337.**A Fazenda dos Animais** – George Orwell
1338.**1984** – George Orwell
1339.**Ubu Rei** – Alfred Jarry
1340.**Sobre bêbados e bebidas** – Bukowski
1341.**Tempestade para os vivos e para os mortos** – Bukowski
1342.**Complicado** – Natsume Ono
1343.**Sobre o livre-arbítrio** – Schopenhauer
1344.**Uma breve história da literatura** – John Sutherland
1345.**Você fica tão sozinho às vezes que até faz sentido** – Bukowski
1346.**Um apartamento em Paris** – Guillaume Musso
1347.**Receitas fáceis e saborosas** – José Antonio Pinheiro Machado
1348.**Por que engordamos** – Gary Taubes
1349.**A fabulosa história do hospital** – Jean-Noël Fabiani
1350.**Voo noturno** ***seguido de*** **Terra dos homens** – Antoine de Saint-Exupéry
1351.**Doutor Sax** – Jack Kerouac
1352.**O livro do Tao e da virtude** – Lao-Tsé
1353.**Pista negra** – Antonio Manzini
1354.**A chave de vidro** – Dashiell Hammett
1355.**Martin Eden** – Jack London
1356.**Já te disse adeus, e agora, como te esqueço?** – Walter Riso
1357.**A viagem do descobrimento** – Eduardo Bueno
1358.**Náufragos, traficantes e degredados** – Eduardo Bueno
1359.**Retrato do Brasil** – Paulo Prado
1360.**Maravilhosamente imperfeito, escandalosamente feliz** – Walter Riso
1361.**É...** – Millôr Fernandes
1362.**Duas tábuas e uma paixão** – Millôr Fernandes
1363.**Selma e Sinatra** – Martha Medeiros
1364.**Tudo que eu queria te dizer** – Martha Medeiros
1365.**Várias histórias** – Machado de Assis
1366.**A sabedoria do Padre Brown** – G. K. Chesterton
1367.**Capitães do Brasil** – Eduardo Bueno
1368.**O falcão maltês** – Dashiell Hammett
1369.**A arte de estar com a razão** – Arthur Schopenhauer
1370.**A visão dos vencidos** – Miguel León-Portilla